우리의 사명은 선교다

현대 선교에 대한 8가지 오해

Is The Commission Still Great?
by Steve Richardson

This book was first published in the United States by Moody Publishers,
820 N. LaSalle Blvd., Chicago, IL 60610,
with the title *Is The Commission Still Great?*
Copyright ⓒ 2022 by Steve Richardson
All rights reserved.

This Korean edition published by Word of Life Press, Seoul 2023
Translated and published by permission.
Printed in Korea.

우리의 사명은 선교다

ⓒ 생명의말씀사 2023

2023년 5월 10일 1판 1쇄 발행

펴낸이 ┃ 김창영
펴낸곳 ┃ 생명의말씀사

등록 ┃ 1962. 1. 10. No.300-1962-1
주소 ┃ 서울시 종로구 경희궁1길 6 (03176)
전화 ┃ 02)738-6555(본사) · 02)3159-7979(영업)
팩스 ┃ 02)739-3824(본사) · 080-022-8585(영업)

기획편집 ┃ 유영란, 이주나
디자인 ┃ 조현진
인쇄 ┃ 영진문원
제본 ┃ 보경문화사

ISBN 978-89-04-10131-3 (03230)

저작권자의 허락 없이 이 책의 일부 또는 전체를
무단 복제, 전재, 발췌하면 저작권법에 의해 처벌을 받습니다.

우리의 사명은 선교다
현대 선교에 대한 8가지 오해

스티브 리처드슨 지음
구지원 옮김

추천의 글

이 책에 대한 추천사를 요청받고 한순간의 망설임도 없이 쓰겠다고 한 데는 이유가 있었다. 27개국 언어로 번역된 선교학 최고의 필독서인 『화해의 아이』 저자 돈 리처드슨의 아들이라는 말에 주저할 필요가 없었다. 오히려 추천사를 부탁받은 것이 기쁨이었다.

『화해의 아이』는 '우정으로 살찌운 후에 배신하여 살해하는 것'(가룟 유다가 예수를 배반한 것처럼)을 최고의 이상으로 여긴 이리안자야의 사위(sawi) 부족 한복판에서 아내와 어린 자녀를 데리고 1962년부터 15년간 사역한 돈 리처드슨의 저서다. '화해의 아이'(peace child)라는 그들의 풍습에서 구속 유비의 원리를 발견하고 예수님이 바로 '화해의 아이'이심으로 복음을 전한 자선적인 이야기다. 나는 총신대 신대원 시절인 1980년대 중반, 생명의말씀사 요청으로 『화해의 아이』를 번역했다. 죽음을 두려워하지 않고 뛰어든 젊은 부부의 선교 사역을 글로 접하면서, 때론 작업하기 어려울 정도로 가슴이 뛰는 것을 억누를 수가 없었다. 그 감동은 40여 년이 지난 지금까지도 심장에 남아있을 정도다. 나는 요세푸스 전집과 함께 이 책을 생명의말씀사에서 번역한 것을 지금도 가장 자랑스럽게 여긴다. 따라서 사위 식인종 가운데 자란 아들 스티브 리처드슨의 책이라는 소식에 흔쾌히 추천사를 쓰겠다고 한 것이다.

책을 읽으면서 『화해의 아이』를 이을 수작이라는 결론을 내리게 되었다. 가슴을 절로 뛰게 만드는 아버지의 선교 현장을 태에서부터 경험한 스티브 리처드슨은 'Born-Missionary'가 아니면 절대로 가질 수 없는 선교 열정으로 가득하다. 뿐만 아니라 스스로 오랜 시간 현장에서 온몸으로 겪은 선교에 대한 이론적 지식을 토대로, 탁월한 학문적 분석과 현실적 대안을 생생하게 담아냈다. 교회 안에 '선교'라는 지상 과제의 열정이 약화된 이유에 대해 이보다 더 설득력 있게 근본 원인을 파악하고 해결책과 대안을 제시하는 글을 본 적이 없다. 예를 들어 "모든 일에 선교라는 이름표를 붙인다면 다양한 종족에게 복음을 전하시려는 하나님의 구원 계획을 무심결에 위태롭게 할 수 있다"라는 주장에 고개가 끄덕여진다. 나는 이와 유사하게 '삶 자체가 예배'라는 겉보기에 너무나 멋진 주장이 공동체 예배를 은연중 무시함으로 끝내 교회의 공예배를 약화시킬 수도 있다고 생각하기 때문이다. 『화해의 아이』를 이어 그 아들 스티브 리처드슨이 부르짖는 다급한 경고의 외침을 귀담아듣는다면, 또다시 한국 교회의 선교 열정이 타오를 수 있을 것이다. 모든 목회자와 선교사, 특별히 성도들께 필독 도서로 기쁘게 추천한다.

김지찬 교수, 총신대 신학대학원

Wow! 책을 펴는 순간 이러한 내용의 책 출간을 간절히 기다렸던 한 사람으로서 감탄이 절로 나온다. '선교적'(missional)을 강조함으로 '선교'(mission)를 하겠다는 현재 한국 선교의 흐름은 혼란스러움을 안긴다. 이러한 때에 스티브 리처드슨은 다시 어디에 올바른 선교의 방향을 맞추어야 할지 잘 말해준다. 한국교회에 존재하는 현실적인 선교 도전들을 부인하지 않으면서도 선교에 관한 오해를 분명하게 지적한다. 이 책의 근간은 세상과 상황에 따라 달라지는 선교 전략이 아닌, 변화를 감지하면서도 지상명령에 대한 온전한 순종과 성경적 가치를 확실하게 강변함으로 선교 전반에 걸친 올바른 이해와 균형을 잘 잡고 있다. 현재 한국교회가 직면한 선교 이슈에 관한 각성과 반성, 그리고 우리가 가야 할 선교 방향에 귀한 영향력을 미칠 것이라 믿는다.

김재형 · 강경화 선교사, 한국WEC국제선교회 대표

선교지에서 자라 현장을 떠나지 않고 헌신해 온 베테랑 선교사가 여러 문제를 깊이 고민하며 평생의 삶과 경험에서 나온 실제적인 해답들을 용기 있게 제시한다. 특히 관심을 끈 것은 "우리가 하는 모든 것이 선교일까?"라고 문제를 제기한 부분이다. 통전적인 선교를 강조하며 기존의 선교 정의를 모호하게 만드는 시도가 문화의 경계를 넘어 복음을 증거하는 전통적 선교를 의도치 않게 약화시킨다는 저자의 시각에 공감한다. 그 외에도 새롭게 부상하는 '남반구'(Global South) 지도자들과 어떻게 연합할 것인가에 대

한 실제적인 조언도 귀담아들어야 할 것이다. 연구실에서 사변적으로 쓴 책이 아니라 땀 냄새 나는 최전선에서 고민하고 쓴 책이기에 더 강력한 울림이 있다. 선교사, 평신도 리더들과 함께 읽으면 앞으로의 선교 방향을 잡는 데 큰 도움이 되리라 생각하며 기쁘게 추천한다.

백승준 목사, 사랑의교회 글로벌선교부 팀장

저명한 과학철학자 토마스 쿤은 '발상 전환'(paradigm shift)이라는 개념을 제시했다. 스티브 리처드슨 또한 무관심과 오해라는 위기 속에 놓인 세계 선교 앞에 '발상 전환'을 촉구한다. 동시에 이 책은 현대 선교를 비판하는 데 그치지 않는다. 날카로우면서도 객관적인 원인 분석과 함께 이를 극복하기 위한 구체적이고 건설적인 로드맵을 내민다. 과거를 복기하고 현재의 성찰을 통해 미래 선교가 나가야 할 좌표를 제시하는 책이다.

안성호 교수, 미국 고든 대학 선교학

땅끝까지 이르러 예수님의 증인이 되려면, 구속사의 마지막 때를 사는 우리에게 정보가 필요하고 용기가 필요하며 기회도 필요하다. 내 친구 스티브 리처드슨이 쓴 이 아름다운 책은 확신컨대 당신의 심장을 뛰게 할 것이고, 무엇이 가능한지를 상기시킬 것이며, 열방을 향한 열정을 부채질할 것이다. 지상명령은 진실로 중요하다.

매트 챈들러(Matt Chandler), 더빌리지교회 담임목사

최근 "예수 그리스도의 복음을 들고 열방을 향해 가라"는 사명에 관해 거짓 주장이 많아졌고, 교묘히 교회 안으로 침투해 들어왔다. 그 결과, 우리의 동기를 약화시키고 영향력을 현저히 감소시켰다. 스티브 리처드슨이 쓴 이 책은 선교에 관한 오해를 바로잡을 뿐만 아니라, 세계 복음화의 임무 완수를 위해 교회의 노력을 어떻게 새롭게 해야 하는지 통찰력 있게 논증한다.

빌 존스(Bill Jones), 콜롬비아국제대학 총장, 크로스오버글로벌 공동설립자

선교에 관한 오해가 선교의 현실과 기회에 관한 무지라는 팬데믹을 낳았다. 많은 선교 지도자가 목격했으나 목소리를 내지는 못했던 내용을 스티브 리처드슨은 글로 써냈다. 그는 실제적이고도 매력적인 방식으로 독자들이 이 시대의 케케묵은 생각들을 살펴보게 하며 예수님의 지상명령에 참여하라는 부름으로 책을 마친다.

테드 에슬러(Ted Esler), 미시오 넥서스 회장

이 귀한 책을 쓴 스티브 리처드슨에게 감사하다. 널리 받아들여지던 선교에 관한 오해를 지적할 뿐만 아니라, 지상명령을 성취하기 위해 선교사들이 어떤 변화하는 역할을 감당해야 하는지에 관해서도 중요한 통찰을 제공한다. 스티브 리처드슨은 선교사로서 삶을 살며 크고 혁신적인 선교단체를 이끌고 있기에, 이러한 논의를 다루기에 적합하며 유일한 사람이다.

더우드 스니드(Durwood Snead), 노스포인트미니스트리 은퇴선교사

지상명령을 지켜야 하는가는 기독교 선교의 오랜 논점이다. 현대 선교 운동은 "가서 열방을 제자 삼으라"는 임무에 의문을 제기하는 어느 교회 기고문에 큰 영향을 받았다. 스티브 리처드슨은 오늘날 교회 안에서 발견되는 선교에 관한 8가지 오해에 대해 사려 깊은 대답을 제공한다. 이 책은 세계 복음화 성취를 위한 성도와 교회의 역할을 논하는 용도로 사용하기에 적합하다. 교회 선교위원회와 소그룹에서 이 책을 활용한다면 의미 있는 결과물을 만들어낼 것이다.

더그 맥코넬(Doug McConnell), 풀러신학대학원 수석교수 겸 명예학장

스티브 리처드슨은 동남아시아에서 교회를 개척하고 훌륭한 국제 파송 단체를 이끈 수십 년의 경험을 바탕으로 이 책을 써 내려간다. 그는 새로운 시대와 선교의 중요성에 관해 뛰어난 통찰력을 가졌다.

스티브 더글라스(Steve Douglass), CCC 명예회장

이 책은 감사하게도 독자들의 머리와 가슴 안에 필요한 긴장감을 만들어내 지상명령에 관한 믿음과 실천이 성경적 확신에서 비롯된 것인지, 아니면 다른 요인에서 기인하는 것인지를 분별하도록 안내한다. 나는 선교를 잘하려면 선교에 관해 잘 이해해야 한다는 말을 들었다. 스티브 리처드슨의 책은 당신이 선교에 관해 잘 이해하도록 도울 것이다.

매튜 엘리슨(Matthew Ellison), 식스틴:피프틴 회장

일러두기

원서에서 '서구 선교사'로 서술한 내용을 한국어판에서는 저자의 허락을 받아 그 맥락에 따라 '선교사' 또는 '해외 선교사'로 옮겼다.

나의 공동 모험가인 알린에게,
여러 해 전에 양가 아버님께서 우리가 잘 맞을 거라고
말씀해 주셔서 정말 기뻤다오.
그분들이 얼마나 옳으셨는지!

위대한 사명을 위해 함께 수고하는 동역자들에게,
여러분과 함께 섬기는 건 정말 큰 특권입니다.

목차

추천의 글   04
한국어판 서문   14

시작하는 글   16
왜 '당근'으로는 충분치 않은가

1장 선교는 부차적 사명이라는 오해   21
    선교는 여러 좋은 활동 중 하나일 뿐,
    성경의 중심 주제는 아니라는 생각

2장 우리가 하는 모든 것이 선교라는 오해   45
    모든 성도는 다 자신의 자리에서 선교사라는 생각

3장 선교는 다른 일상과 경쟁한다는 오해   65
    선교에 집중할수록 다른 영향력은 감소할 것이라는 생각

4장 이제는 단기 선교가 더 적실하다는 오해   87
    더 이상 선교사 파송은 필요 없으며
    단기 선교만으로도 큰 영향을 끼칠 수 있다는 생각

5장 선교사는 독특하고 희귀하고 거룩한 사람이라는 오해   111
선교사는 부적응자이거나 '슈퍼 크리스천'이라는 생각

6장 선교는 그 문화권에 해를 끼친다는 오해   133
선교는 현지 문화를 희생시키며 서구 가치관을 전파한다는 생각

7장 선교는 쇠퇴의 길에 들어섰다는 오해   159
이제 선교사는 더 이상 별다른 영향력을 미치지 못한다는 생각

8장 선교사 파송은 더 이상 필요하지 않다는 오해   187
현지 그리스도인이 자기 민족을 향한 일을 더 잘할 수 있다는 생각

9장 관중이 아닌 참여자로   213

끝맺는 글   228
지상명령은 여전히 중요하다

감사의 글   233
주   234

한국어판 서문

한국의 독자들에게

주님은 한국 교회에 세계 복음화의 중요한 역할을 맡기고 계십니다. 하나님께서 지난 세기 동안 한국 교회를 성장시키셨을 뿐 아니라, 한국 교회의 성숙함과 선교사 파송을 통해 하나님의 일하심을 나타낸 데 경의를 표합니다. 선교는 건강한 교회의 성경적 지표 중 하나입니다. 한국 교회는 그 특성을 놀라운 방식으로 보여주었고, 이는 전 세계에 큰 축복이 되었습니다. 이러한 모습이 다음 세대에도 계속해서 이어질 수 있을까요?

"하나님은 손자녀가 없으시다"라는 옛 표현에 진리가 담겨 있습니다. 사명과 비전을 다음 세대에 전하는 것은 직면한 가장 큰 도전 중 하나입니다. 한국의 젊은이들은 지상명령에 대해 어떻게 생각합니까? 그들은 지상명령의 중요성을 인식하고 있습니까? 아니면 그리스도께서 이 시대의 우리에게 주신 임무를 완수하는 일에 점점 더 무감각해지고, 산만해지거나, 그 동기가 사라질 위험에 처해 있지는 않습니까?

지상명령을 따르는 교회의 리더로서 책임 중 하나는 선교에 대해 변화하는 인식과 오해들을 파악하는 것입니다. 몇 년 전, 저는 북미 환경에서 일어난 이러한 인식의 변화를 면밀히 관찰하고 문서화하기 시작했습니다. 이 책이 그 결과물입니다. 선교에 대한 8가지 오해들은 일면 타당성이 있습니다. 그러나 한쪽으로 치우치거나 불균형한 방식으로 받아들이면, 복음을 땅끝까지 전함으로 하나님을 영화롭게 하는 그리스도인의 목적으로부터 빗나가게 됩니다.

책에서 살핀 오해들이 선교에 대한 통념의 포괄적인 목록은 아니겠지만, 선교에 대한 성찰을 지속하기 위한 출발점일 것입니다. 이 책은 주로 서구의 독자, 더 구체적으로는 북미 교회의 청중을 염두에 두고 썼습니다. 그러나 세계는 점점 더 서로 연결되어 있기에, 이 책에서 다루는 많은 개념은 한국 교회의 상황에도 충분히 적용할 수 있으리라 생각합니다. 특정 교회의 회중, 교단 또는 사역 상황에서 이러한 아이디어를 적절하게 적용하고 분별해 사용해야 할 것입니다.

하나님은 우리에게 높고 고귀한 소명을 주셨습니다. 우리는 "눈을 들어" 밭을 보아야 합니다(요 4:35). 세계 역사상 그 어느 때보다도 밭은 넓고 곡식은 희어졌습니다. 남은 과업에 하나님의 백성과 그분의 자원을 동원하기 위해 한국 교회는 무엇을 할 수 있을까요? 이 책에 담은 통찰과 이야기가 한국의 형제와 자매들에게 용기를 주기를 기도합니다. 다음 세대가 복음의 바통을 이어받아 경주하기를 기도합니다. 하나님은 경배받기 합당하시고 추수할 것은 무르익었습니다.

시작하는 글

왜 '당근'으로는 충분치 않은가

2차세계대전 당시에는 야간 시력이 중요했다. 도시는 6년간 밤마다 암흑이 되었다. 캄캄한 밤을 활용한 전략은 독일 폭격기로부터 거점 도시를 감추기에는 효과적이었지만 시민의 삶에 막대한 해를 입혔다. 전쟁 첫 달 동안, 천 명 이상이 교통사고로 사망했다. 반면 영국 시민들이 암흑과 싸우는 동안, 영국 공군 조종사들은 동일한 어려움을 겪은 것 같지는 않았다. '고양이 눈'(Cat's Eyes)이라고 불리던 존 커닝햄은 전쟁 중에 암흑을 뚫고 나치 공군 폭격기를 스무 대 넘게 격추했다. 어느 날은 하룻밤 사이에 세 대를 격추하기도 했다. 다른 조종사들도 칠흑같이 어두운 하늘에서 적기를 맞히는 놀라운 성공을 거뒀다. 국방부는 대단히 기뻐하며 야간 기량의 비밀을 보도했다. 바로 조종사들이 당근을 많이 먹는다는 것이다.[1]

이 발표는 영국 전역에 당근 관련 마케팅을 촉발했다. 그 일환으로 농업부는 시민들에게 당근을 재배해 섭취하라고 강권했다. 식품부는 당근 잼부터 사탕에 이르기까지 다양한 요리법을 발표했다. 당근 섭취의 유익을 홍보하는 포스터가 도시를 뒤덮었다. 이는 효과가 있었다. 영국 시민들은 이전에는 주목하지 않던 뿌리채소를 열과 성을 다해 받아들였다. 그 결과 1942년까지 영국에는 10만 톤의 당근이 쌓였고, 빅토리가든(2차세계대전 중 정원을 일구어 만든 채소밭–역주)에서 당근은 주 작물이 되었다.[2] 당근 열기는 미국까지 번졌다. 「뉴욕 타임스」는 당근 덕분에 영국 시민들이 깜깜한 밤의 작은 가로등만으로도 상호 간 충돌 없이 도로를 이용한다고 보도했다. 월트디즈니사도 열풍에 동참해 당근 가족 만화를 고안했다.

하지만 이 당근 열풍에는 문제가 있었다. 고의적 오보였기 때문이다. 당근은 비타민A 결핍으로 인한 야맹증을 막는 데 도움을 줄 순 있지만, 건강한 사람의 야간 시력에는 어떤 뚜렷한 효과가 없었다. 그렇다면 왜 그런 책략을 썼을까? 당근을 장려한 데는 영국 정부의 두 가지 목적이 있었지만, 둘 중 어느 것도 야간 시력과는 무관했다. 실제적인 유익은 당근이 재배하기 쉽다는 점과 식량 부족 상황에서 고기, 설탕 등과 같은 다른 주식의 빈자리를 메워준다는 점이다.

영국 공군에게는 두 번째 은밀한 이유도 있었다. 사람들이 당근에 관해 더 많이 이야기하면 할수록, 영국 왕립 공군이 세계 최초로 공중 레이더 시스템에 적응하기 시작했다는 사실을 덜 인식하기 때문이다. 독일 사령부는 영국 공군 조종사들의 당근 섭취량이 폭격기 격추 실적을 늘린 것과 연관이 있다고 믿었을 수도, 그렇지 않았을 수도 있다. 소문에 의하면 독일도 만일을 대비해서 독일군 조종사들에게 당근을 먹이기 시작했다고도 한다. 당근과 시력 사이의 연관성은 그럴듯하게 들릴 만했다.

대부분의 오해가 이와 같다. 오해는 적어도 한 조각의 진리를 품고 있다. 그것으로 간절한 소망을 설파한다. 영국은 암흑에 지쳐 있었고 당근이 소망을 제공했다. 적정량 이상의 당근 섭취가 일반 사람에게 아무런 영향을 끼치지 않긴 하지만, 영국 조종사들이 그 선전을 믿었다고 상상해보라. 만약 그들이 새로운 레이더 시스템 대신 당근에 의지했다면 전쟁에 총력을 기울인 결말이 어떠했겠는가?

예수님을 따르는 우리에게는 어떤 전시 전략보다 더 중요한 임무가 있다. 우리는 땅의 모든 족속을 제자로 삼으라는 명령을 받았다. 언젠가 전 세계 교회가 함께 하나님 보좌 앞에 예배하는 날이 오도록 말이다. 우리는 그 명령을 예수님의 지상명령이라고 부른다. 임무의 중요성은 그 난이도에 상응한다. 열방을 제자 삼는 일은 암흑 속에서 폭격기를 격추하는 것보다 훨씬 더 어렵다.

한계가 없으신 하나님께서 2천 년 전, 지구상의 수많은 종족 중 한 사람에게 그들이 깨닫지 못한 문제의 해결책을 설명하신다고 상상해보라. 자신을 성육신한 하나님이라고 주장하는 한 유대인 목수의 권위 아래서, 반체제적이며 급진적이고도 새로운 삶의 방식을 받아들이라고 설득한다고 상상해보라. 당신은 얼마나 자신감 있게 그 임무를 맡을 수 있겠는가?

지상명령은 세계 역사상 가장 큰 열망으로 가득 찬 프로젝트다. 수억 명의 사람과 수천 년의 시간이 연관된 일이다. 수많은 언어와 문화와 지역을 아우른다. 다른 어떤 노력(우주의 창조조차)도 하나님의 이 대담하신 구원 계획과 견줄 수 없다. 하나님께서 당신과 나같이 나약한 인간에게 이 놀라운 기념비적인 임무를 위임하셨다니, 경탄을 넘어 충격을 안긴다. 하나님의 이름과 수억 영혼의 영원한 삶이 달린 일이다. 가슴 뛰지 않는가!

이 책의 목적은 선교의 본질을 둘러싼 안개를 거두는 것이다. 예수님께서 주신 지상명령의 규모와 복잡성이 대단하다면, 하나님의 백성 사이에서조차 오해가 많다는 것은 놀라운 일이 아니다. 오해는 삶의 자연스러운 일부이지만, 그 이상의 문제를 가져온다.

복음에는 정말 실제적인 원수가 있다. 원수는 우리가 임무를 완수하는 것이 곧 자신의 최후 패배를 의미함을 안다. 따라서 교회를 방해하고 단념시키고 좌절시키기 위해 왕성하게 일한다. 원수는 하나님의 계획을 모호하게 만들어서 우리가 보다 덜 중요한 것에 집중하도록 유혹한다. 원수는 교회의 공동체와 성도가 '구속'이라는 핵심 임무를 상대적으로 거슬리지 않는 다른 무엇으로 대체하기 원한다. 당근 때문에 주의를 흩트리지 말자. 하나님은 우리에게 레이더를 주셨다.

Is The Commission Still Great?

선교는 부차적 사명이라는 오해

선교의 목표는 하나님 나라에서 모든 민족과 문화라는 다양성을 통해
하나님을 예배하는 것이다.
이 다양성은 하나님께서 의도하신 것이요 영원한 것이다.
_ F. 리오넬 영 III

> **오해 1.** 선교는 여러 좋은 활동 중 하나일 뿐, 성경의 중심 주제는 아니다.

나는 뉴기니섬에서 자랐다. 그곳은 두 개의 강줄기가 만나는 지점으로, 주변 숲과 늪의 젖줄과도 같았다. 섬은 악어와 앵무새는 물론 다양한 종류의 식용 동물과 식물로 가득했다. 성경 또한 강과 나무로 둘러싸여 있다. 성경은 동산과 두 그루의 특별한 나무, 온 지역을 적시는 강으로 시작해서(창 2:8-14) 요한계시록 22장의 '수정같이 맑은' 강과 열방을 치료하는 생명나무로 끝난다(계 22:1-2). 성경에 나오는 강과 나무의 가장 아름다운 표현은 에스겔 47장에 감추어 있다. 거기서 하나님은 성전에서 발원하여 점점 더 깊고 강하게 흐르는 강, 죽음의 장소에 생명을 가져오는 강을 에스겔에게 보여주신다. 성전 문지방 밑에서 얕게 흐르던 강이 규모와 세기가 급격히 커지고 강해지더니 "헤엄칠 만한 물이요 사람이 능히 건너지 못할 강"이 된다(겔 47:5).

에스겔의 안내자는 환상 중의 에스겔에게 이 강물이 사해의 염수를 담수로 바꾸며 "이 강이 이르는 각처에 모든 것이 살 것"이라 말한다(겔 47:9). 강 좌우에는 각종 과실나무가 자란다. "그 물이 성소를 통하여 나"오기 때문이다. "그 열매는 먹을 만하고 그 잎사귀는 약재료"다(겔 47:12). 이것은 세계를 구원하시려는 하나님의 목적을 아주 생생하게 보여주는 놀라운 그림이다.

성경에서 나무와 동물의 생명은 세계 열방과 민족을 상징하는 데 사용될 때가 많다. 시대를 거듭하면서, 하나님의 성령은 영적인 불모지를 우거진 동산으로 변화시키려는 계획을 보여주신다. 하나님의 은혜로 변화된 백성과 나라와 문화가 기쁘게 예배하는 소리가 크게 울려 퍼지는 동산으로 말이다. 세계 복음화에 대한 하나님의 생각을 가장 명확하게 드러내는 구절은 마태복음 28장 18-20절, 즉 예수님의 지상명령이다.

"예수께서 (제자들에게) 나아와 말씀하여 이르시되 하늘과 땅의 모든 권세를 내게 주셨으니 그러므로 너희는 가서 모든 민족을 제자로 삼아 아버지와 아들과 성령의 이름으로 세례를 베풀고 내가 너희에게 분부한 모든 것을 가르쳐 지키게 하라 볼지어다 내가 세상 끝날까지 너희와 항상 함께 있으리라 하시니라"

하나님의 풍성한 은혜를 아직 경험하지 못한 여러 지역에 복음을 들고 갈 때, 하나님은 그분의 백성을 통해 지상명령을 성취하신다. 이미 2천 년 동안 수행해 온 그런 노력을 가리켜 오늘날 우리는 '세계 선교'라고 부른다. 만약 하나님께서 온 세상을 영적인 생명수로 넘치게 하신다고 약속하셨다면, 우리가 그 함의를 생각하느라 얼마의 시간을 더 써야 할까? 세계 선교는 왜 몇몇 독특한 사람들이 고안한 낯선 발명품처럼 느껴질까? 때에 따라서는 선교를 위해 기도하고 헌금하고 관심을 기울이지만 그렇지 않을 때는 왜 우리의 일상과 무관한 무언가로 느껴질까?

한 가지 이유는 우리가 지상명령을 예수님께서 이 땅에서의 사역을 마치실 때 하신 말씀 중 하나라고 생각하기 때문이다. 일종의 보충 말씀이라는 오해다. "아, 그런데, 내가 빠뜨린 게 있는데 말이야…." 하지만 지상명령이 결코 보충된 견해가 아니라면 어떻게 할 텐가? 열방을 향한 하나님의 구원 계획이 생명의 강처럼 성경 곳곳을 휘감고 있음을 발견하라.

> "우리 교회는 대단히 선교 중심적이라고 생각하지만, 그럼에도 불구하고 교회 안에는 선교에 대해 엄청난 무관심이 있다."
> _ 교회 지도자

지상명령은 얼마나 중요한가?

여러 해 동안 친한 동료 사역자들에게 자주 물었다. "하나님의 백성이 지상명령을 위한 사역에서 각자의 온전한 잠재력을 깨닫지 못하게 만드는 '오해'가 무엇이라고 생각하세요?" 이 질문은 활발한 논쟁을 일으켰고, 사람들의 대답에서 몇 가지 패턴을 발견했다. 이 관점이 얼마나 일반적인지를 확인하기 위해 설문조사를 수행했다. 또한 이러한 인식이 북미 교회에 얼마나 퍼져 있는지와 그 영향력이 세계 선교에 어떻게 미치는지를 조사했다. 이에 대해 120명 이상이 응답했는데 현장 선교사, 파송 단체 직원과 이사, 담임목사, 선교단체, 선교 중심 교회의 성도를 포함한다. 그들의 견해 중 상당수를 이 책에서도 조명할 것이다. 이 설문조사는 탄탄한 통계 데이터는 아니나, 많은 선교 관련자가 현대 교회의 선교관을 이해하는 방식에 통찰력을 제공한다.

"북미 교회의 선교 참여를 방해하는 것은 무엇인가?"라는 질문에 대해, 설문 응답자의 82퍼센트(교회 지도자의 92퍼센트)가 "선교는 중요하지만 최우선은 아니다"를 상위 세 답변에 포함시켰다. "선교는 교회가 하나님을 섬기는 여러 좋은 방법 중 하나에 불과하다"라는 견해는, 교회에 미친 영향력 면에서 단독 최고점을 얻었다. 널리 퍼진 정도 면에서는 최고 동점을 얻었다.

이와 같은 인식이 교회의 선교 참여에 방해가 되느냐는 질문에 응답자의 절반 이상이 "매우 그렇다"라고 답했고 3분의 1이 "다소 그렇다"

라고 응답했다. 21퍼센트가 "거의 보편적이다"라고 답했으며 71퍼센트가 "상당히 일반적이다"라고 답했다. 달리 말하자면, 많은 그리스도인이 지상명령이 얼마나 중요한지를 잘 모른다는 뜻이다.

선교에 관한 인식 중에서 지상명령의 최우선적 중요성은 가장 결정적이다. "열방으로 가라" 말씀하시는 하나님의 메시지를, 하나님을 기쁘시게 하며 의미 있는 삶을 살기 위한 여러 선택지 중 하나에 불과하다고 여긴다면, 우리는 역사상 가장 중요한 초청을 놓칠 것이다. 삶의 목적과 기쁨의 깊은 근원을 잃을 것이다. 지상명령은 성경의 중심 메시지요, 하나님의 불타는 열정이시요, 이 시대 교회의 최우선적 책임이다.

성경의 주제는 선교다

중국이 외부 세계에 다시 문을 열기 시작하던 초창기, 베이징에서 400명의 대학생이 모인 토론회의 강사로 초대받았다. 중국은 수십 년간 종교적 자원 투입을 박탈해온 상황이었다. 토론회에 참석한 학생들은 명석하고 성실했으며 새로운 관점을 갈망했다. 놀랍게도 내게 주어진 논제는 '성경의 주제'였다. 당신이라면 기록된 하나님의 계시 내용을 어떻게 요약하겠는가? 어떤 사상이 성경 전체를 하나로 묶는가? 짧은 기도를 제외하고는 거의 지체할 시간도 없이 뛰어들었다. "여느 좋은 책과 마찬가지로…"라고 강의의 문을 열었다. "성경에는 그 시작을 여는 서론이 있습니다. 본론에는 다채로운 등장인물과 극적인 사건 그리고 긴장감으로 가득하죠. 놀라운 반전이 따르는 굉장한 결론도 있고요. 성경의 주제는 하나님께서 아브라함의 후손인 예수 그리스도를 통하여 이 땅의 모든 나라에 복을 주심으로 스스로를 영화롭게 하신다는 겁니다. 인류를 향한 하나님의 계획은 수천 년 전부터 시작되었고 오늘날까지도 계속됩니다. 무엇보다도 놀라운 점은, 성경은 실제 이야기를 하는데, 그 이야기 속에서 우리 각자가 중요한 역할을 하고 있다는 겁니다."

달리 말하자면, 나는 강당을 가득 메운 중국 학생들에게 성경의 주제가 '선교'라고 말한 것이다. 강연이 끝나자 학생들은 휘갈겨 쓴 질문들을 한바탕 제출했으며, 익명성을 보장받기 위해 질문함을 휘젓느라 강당이 북적였다. "성경을 어디서 살 수 있나요?" "하나님을 볼 수 없는데 어떻게 하면 하나님과 소통할 수 있을까요?" "그리스도인은 어떻게 될 수 있나요?" "기독교와 불교를 동시에 믿을 수 있을까요?" 세상을 이해하는 하나의 일관된 이야기로 성경을 제시했을 때, 학생들은 인생의 새로운 상황과 아름다움 그리고 의미를 발견했다. 그들은 필사적으로 더 알기를 원했다.

하나님께서 수천 년에 걸친 전 세계적인 목적을 품고 계신다는 사실에 흠뻑 빠져서 가던 길을 멈추어본 경험이 있는가? 주 예수님을 통해 이 땅의 모든 나라에 복을 주신 하나님을 찬양하기 위해 멈추어본 경험이 있는가? 이 위대한 드라마에서 당신이 맡은 역할이 있다는 사실을 믿기가 어려운가?

지상명령의 핵심은 사복음서와 사도행전에서 발견된다(마 28:18-20; 막 16:15; 눅 24:46-47; 요 20:21; 행 1:8). 예수님은 서로 다른 다섯 번의 장면에서 각기 다른 표현으로 다른 청중에게 다른 강조점을 가지고 분명하게 밝히셨다. 예수님은 이 큰 그림의 과업을 위해 3년 동안 제자들을 준비시키셨지만, 계획은 그보다 훨씬 더 오래되었다.

모든 시대를 통틀어 가장 영향력 있는 선교사인 사도 바울은, 신약성경을 저술하면서 자신의 부르심에 대한 성경적 기초를 설명할 때 마태복음 및 다른 복음서의 지상명령을 언급하지 않는다. 그는 갈라디아서 3장 8절과 로마서 15장 8절에서 2천 년을 거슬러 올라가 지상명령의 '원형'을 언급한다. 바로 하나님께서 아브라함과 맺으신 언약이다. 이 땅의 모든 민족으로부터 순종하는 제자들을 불러내 구원하시겠다는 하나님의 계획이 모세로부터 말라기에 이르기까지 수세기 동안 감추어 있었다. 제자들은 예수님께서 부활하신 후에 "그들의 마음을 열어 성경을 깨닫게 하시고" 나서야 알았다(눅 24:45). 그 예수님께서 동일하게 우리에게도 깨닫게 하시기를 기도한다.

많은 성도가 선교를 단순하게 이해하고 그 중요성에 대해 희미하게 알 뿐이다. 어떤 이들은 여러 해 동안 재정과 기도로 헌신했지만, 어떤 오해들이 그들의 온전한 참여를 방해한다. 그들은 이렇게 생각한다. '세계 선교는 구시대의 산물 아닌가? 선교는 불필요하고 주제넘은 것 아닌가? 더 이상 선교 효과가 있나? 혹 있다고 한들, 그게 나랑 무슨 상관이지?' 교회 지도자와 선교사, 파송 단체가 지상명령에 대한 그리스도인의 역할과 전략과 과정에 대해 분명하게 밝히는 일을 항상 잘 해낸 것 같지는 않다. 하지만 좋은 소식은 하나님께서 그분의 큰 그림을 성경에 분명하게 밝혀 놓으셨다는 점이다.

모든 사람을 위한 메시아

암흑 속에서 당근이 길을 찾게 해줄 거라는 희망으로 당근을 깨작이며 인생을 방황하지 말라. 레이더를 켜고 성경의 가장 중요한 줄거리를 따라가 보자. 창세기 1-11장에서 하나님은 구원 계획의 가장 핵심(창조, 타락, 하나님의 홍수 심판, 민족과 언어의 확산)을 소개하신다. 이 앞부분이 없다면 나머지 그림은 의미가 통하지 않는다.

창세기 12장에서 하나님은 아브람을 선택하셔서 그분의 응답을 시작하신다. 그것은 죄라는 압도적인 딜레마에 대한 하나님의 응답으로서 두 부분으로 구성된다. 바로 "내가 … 네게 복을 주어"와 "땅의 모든 족속이 너로 말미암아 복을 얻을 것이라"(창 12:2-3)다. 바울은 이를 가리켜 복음에 대한 소개이며 궁극적으로는 세계 선교에 대한 부르심이라고 갈라디아서에서 설명한다. 아브람은 이 말씀 앞에 믿음으로 반응하고, 이제 긴긴 드라마가 본격적으로 시작된다.

예수님께서 공생애 동안 다섯 번에 걸쳐 지상명령을 주신 것처럼, 원형의 언약도 다섯 번에 걸쳐 주어진다. 세 번은 아브라함(창 12:1-3; 18:18-19; 22:17-18)에게, 한 번은 이삭(창 26:3-4)에게, 또 한 번은 야곱(창 28:13-15)에게다. 우리는 이 사람들을 가리켜 족장이라 부른다. 하늘의 약속과 하나님의 세계 선교 선언을 처음으로 받은 자들이기 때문이다. 그들은 하나님께서 장차 성경의 주제가 될 계획을 선포하신 대상이다. 이 약속은 하나님께 너무나 중요하기 때문에 거짓말을 하실 수 없는 하나님조차도 그 일의 성취를 맹세로 보증하셨다(히 6:17-18). 하나님은 계획의 규모를 분명하게 밝히시기 위해, 아브라함의 후손이 별과 모래와 티끌과 같이 많으리라고 약속하셨다. 세계 복음화의 최종 결과를 이보다 더 이해하기 쉽게 묘사하기는 어렵다.

구약의 나머지 부분은 구속이라는 성경의 주제를 명확히 드러낸다. 아브라함은 믿음으로 행하는 일과 주변 민족에게 (불완전하게나마) 복이 되는 삶이 무엇인지를 배운다. 요셉은 자기 가족뿐만 아니라 애굽의 복이 된다. 메시아를 예표한다. 유대 민족은 애굽의 종살이를 하면서 한 나라를 이룬다. 그들의 극적인 출애굽은 오늘까지도 반향을 일으킨다. 이드로, 라합, 룻 그리고 많은 이의 이야기가 묘사하듯 이스라엘은 이 땅 나라들의 간격을 메워 '제사장 나라'가 되기 위해 부름받았다. 시편 67편은 이스라엘의 선교적 역할을 명료하게 설명한다. 시편 기자는 복을 구하는 목적을 "주의 도를 땅 위에, 주의 구원을 모든 나라에게 알리소서"라고 밝힌다(시 67:2). 시편 72편 17절은 아브라함의 언약을 다시 언급하면서 이렇게 선포한다. "사람들이 그로 말미암아 복을 받으리니 모든 민족이 다 그를 복되다 하리로다." 적어도 50편 이상의 시편이 유사한 진술을 한다. 구약에서 다문화적인 면을 제거해보라. 그러면 거의 아무것도 남지 않을 것이다.

하나님을 경외하는 신실한 이스라엘의 시대는 오래 가지 않았다. 이스라엘은 세계 각국의 복이 되는 과업에서 대체로 실패했다. 성경에서 가장 슬픈 구절로 이사야 26장 18절이 있다. "우리가 잉태하고 산고를 당하였을지라도 바람을 낳은 것 같아서 땅에 구원을 베풀지 못하였고 세계의 거민을 출산하지 못하였나이다." 불순종은 파멸과 추방을 낳았지만, 여전히 소망이 있었다. 하나님께서 보증하지 않으셨던가? 메시아가 약속되었고, 그분이 하실 일은 명확했다. "네가 나의 종이 되어 야곱의 지파들을 일으키며 이스라엘 중에 보전된 자를 돌아오게 할 것은 매우 쉬운 일이라 내가 또 너를 이방의 빛으로 삼아 나의 구원을 베풀어서 땅끝까지 이르게 하리라"(사 49:6).

"때가 차매" 하나님의 아들이신 예수님이 오셨고, 그 소식은 천사와 목자 그리고 왕에게 드릴 선물을 가져온 국제 사절단에 의해 알려졌다. 예수님의 임무는 "어둠과 죽음의 그늘에 앉은 자에게 비치고 우리 발을 평강의 길로 인도하시"는 것인데(눅 1:79), 이는 (유대인이 아닌) 이방 세계에 대한 언급이다. 시므온은 예수님이 "이방을 비추는 빛"이시라고 예언했다(눅 2:32). 이방의 갈릴리 나사렛은 유대인의 메시아적 인물과 어울리는 고향이 아닌 것처럼 보였지만, 하나님의 선교에는 완벽하게 들어맞았다. 예수님은 "잃어버린 자를 찾아 구원하"러 오셨는데(눅 19:10), 이스라엘 안의 잃어버린 자만이 아닌 온 세계의 잃어버린 자다. 그분은 모든 믿는 자를 위해 속죄 제물이 되셨고 하나님께서 세상을 얼마나 사랑하시는지 증명하셨다(요 3:16).

예수님의 죽으심과 부활, 제자들에게 지상명령을 주심, 성령님을 보내심은 하나님께서 계획하시는 일의 다음 단계를 드러냈다. 거듭남으로의 초청은 모두를 위한 것이다. 당신은 문화를 떠날 필요가 없다. 하나님의 구원 계획에 참여하기 위해 더 이상 유대인이 될 필요도 없다. 갈라디아서 3장 29절은 그리스도께 속한 이방인을 "아브라함의 자손이요 약속대로 유업을 이을 자"라고 보장한다.

사도행전은 구원의 전략에서 극적이고 새로운 국면을 기록한다. 복의 주된 통로 역할을 하던 유대 민족 대신, 예수 그리스도를 믿는 유대인과 이방인의 공동체인 교회가 열방을 위한 구원의 통로가 된다. 우리는 이방인이 하나님께 접근할 수 있다는 데 너무 익숙하기에 이러한 새로운 조율이 얼마나 급진적인지를 제대로 평가하지 못한다. 구심적 모델("와서 보라")에서 원심적 모델("가서 전하라")로의 변화는 엄청난 함의를 지닌다.

바울은 하나님의 특별한 도구로서 초대교회를 이러한 새로운 장으로 이끌었다. 복음의 변화시키는 힘은 먼저 예루살렘에서 로마로 스며들기 시작했고 그다음 안디옥에서 서쪽으로 도약했다. 경주는 계속되었고 "모든 믿는 자에게 구원을 주시는 하나님의 능력"이 땅끝까지 퍼지는 것을 보았다(롬 1:16). 지금도 경주는 계속되고 있으며 주자만 다를 뿐이다. 이제는 우리가 달릴 차례다. 성경은 요한계시록에서 우리의 최종 운명을 예고하고는 클라이맥스를 이루고 끝이 난다. 모든 열방이 궁극적으로 하나님과 그리스도를 예배할 것이다(계 7:9). 동쪽과 서쪽과 남쪽과 북쪽에서 온 수많은 백성이 아브라함, 이삭, 야곱과 함께 하나님 언약의 대상자들과 더불어 큰 잔치에 앉아 온 세상을 향한 구원의 완성을 찬양할 것이다. 요한계시록은 역사의 종말이라는 이 중대한 부분을 묘사하지만, 사실 그것은 남은 영원의 시작일 뿐이다. 땅의 모든 족속에서 온 자들의 구원은 끝없는 경배와 찬양의 근원이 될 것이다. 이사야 9장 7절은 그리스도의 통치가 영원히 계속될 것을 예언한다.

현재의 역사적 시점에서 볼 수 있는 모든 것을 총동원할지라도 우리는 하나님께서 하시는 일의 아주 작은 부분을 이해할 뿐이다. 하지만 이제 우리는 선교(모든 문화와 공동체에 복음이 전파됨을 통한 하나님 나라의 전진)가 성경의 중심 주제라는 것과 이 시대를 사는 하나님 백성의 사명임을 제대로 인식하기 시작했다. 당신은 구속사에서 자신의 역할을 감당하는가? 아니면 지상명령이 하나의 보충된 견해인 것처럼 살고 있는가?

당근은 내리고, 눈을 들라

달리기를 할 때 주의를 기울이지 않으면 눈은 자연스레 발 바로 아래의 땅만 응시하게 된다. 아마도 자기 보호 본능일 것이다. 발을 쳐다보는 게 나무뿌리와 구덩이를 피하는 데는 도움이 된다. 하지만 나뭇가지나 자동차를 피하는 데는 도움이 되지 못한다. 당장은 더 안전하게 느껴지더라도 실제로는 그렇지 않다. 내가 어디에 있는지는 알 수 있어도 어디로 가는지는 알 수 없다. 주변 경관을 보지 못하는 것은 물론이다. 경계석이 모두 똑같이 느껴지고 일출은 몽땅 놓치고 만다. 선교사, 파송 단체 직원, 교회 지도자, 선교 중심 교회의 성도들과 소통한 바에 기초할 때, 하나님께서 우리를 부르신 영광스러운 구원 사역이 아니라 그저 발밑만 쳐다보고 있는 것 같아 두렵다.

예수님은 공생애 사역의 가장 중요한 순간에 제자들의 눈을 들어 큰 그림을 보게 하셨다. 수가성에 먹을 것을 사기 위해 다녀온 제자들은 예수님께서 사마리아 여인과 대화를 나누시는 모습을 발견하고 크게 놀랐다. 제자들이 예수님께 음식을 권하는 동안, 여인은 제자들이 막 떠나온 마을로 다시 돌아가 자신이 만난 메시아에 대해 전했고 그들을 이끌어 예수님께로 데려왔다. 그녀의 전도로 많은 사람이 믿고 구원받았다(요 4:39).

비유적으로 말하자면, 제자들은 그들의 발만 쳐다보고 있었다. 구원 메시지를 전하기보다는 육체의 필요와 문화 관습에 치중하느라 이 지역사회가 예수님을 약속된 메시아로 받아들일 준비가 되어 있다는 사실을 놓쳤다. 수용력 있는 사람들에게 복음의 전달자로서 주도권을 줄 기회를 놓쳤다. 제자들을 가르칠 기회를 발견하신 예수님은 이렇게 도전하셨다. "눈을 들어 밭을 보라"(요 4:35). 예수님의 제자들처럼 우리도 때마다 눈을 들어 큰 그림을 기억해야 한다. 그렇지 않으면 안정적인 발걸음을 내딛는지만 생각한 채, 어디로 가는지 알지 못할 것이다. 가는 길의 풍경을 놓치는 것도 물론이다. 만약 하나님께서 사랑이신 것과 그분의 사랑이 모든 나라와 모든 족속에게 동일하게 미친다는 사실을 분명히 알지 못한다면, 그분의 '출격 명령'이 우리에게 불명료하다면, 쉽게 좌절하고 집중력을 잃고 냉담해질 것이다.

세계 선교 참여를 방해하는 오해들은 대개 이 핵심 문제에서 비롯된다. 예수님을 통해 세계 모든 족속에게 복이 되라는 하나님의 큰 그림을 최고의 우선순위로 삼지 않았다는 점 말이다. 그리스도인의 삶은 죽어서 천국에 가는 것 그 이상이다. 하나님의 방법은 신비로우실 때가 많지만, 하나님의 목적은 성경에 분명하게 드러나 있다. 좋은 뜻을 가졌음에도 방향성을 잃고서 인생을 표류하는 일이 없게 하자. 지상명령이 그저 하나의 제안인 것처럼 살지 말라.

선교라는 광대한 과업

'모든 민족을 제자로 삼는 것'이 매우 단순한 명령으로 들리지만, 실제로 저 거대하고 정교한 계획에 연관된 바가 무엇인지를 이해할 수조차 없다. 마태복음 28장 19절에서 '민족'으로 번역되곤 하는 헬라어는 동일 언어를 쓰는 종족 그룹을 가리킨다. 정치적인 나라가 아니다. 우리는 최소한 1만 개의 종족 그룹을 확인했는데, 실제로는 그보다 훨씬 더 많을 것이다. 일부는 지정학적 경계나 하위문화와 방언으로 더 작게 쪼개진다. 예를 들어, 나는 뉴기니 부족에서 자랐는데 그들은 당시 3천 명에 지나지 않았음에도 2개의 방언을 분리해 사용했다. 마을은 정글에서 불과 몇 킬로미터에 떨어져 있었지만 18개 마을이 각각 독특한 악센트를 사용했다.

세계의 종족 그룹은 서로 다른 언어와 방언을 사용할 뿐만 아니라 각기 다른 세계관을 가지고 있다. 가치 있게 여기는 것이 다르고, 생각을 조직하는 방식이 다르며, 감정도 다르게 표현한다. 예전에 어느 인도네시아 친구들이 끔찍한 고속도로 사고 현장을 지나며 웃음을 터뜨리는 모습을 보고 충격에 빠진 적이 있다. 그들의 문화에서 웃음은 스트레스에 대한 평범한 반응이라는 것을 나중에야 알게 되었다. 또 다른 사례로, 한 공무원이 내 주머니에 꽂힌 펜을 빌려달라고 했고 나는 농담 삼아 웃으며 거절했다. 하지만 그들의 문화에서는 부적절했던 나의 웃음 때문에 그는 깊은 상처를 받았다.

문화의 경계 너머로 복음을 전하는 일은 많은 도전을 안긴다. 문화마다 리더십을 세우는 방식이 다르고, 의사 결정 과정이 다르며, 성공에 대한 인식도 다르다. 가정 내 위계질서도 상이하다. 예를 들어 나의 제수씨는 미낭카바우라는 매우 드문 종족 출신이다. 모계 중심인 동시에 무슬림이기 때문이다(그녀는 700만 명의 인구 중 몇 안 되는 그리스도인이다). 모든 문화마다 생활 방식과 가치 체계가 수천 년의 전통과 역사, 문학과 예술을 따라 전수된다. 어떤 문화는 성경에서 말하는 진리의 면모를 담고 있기도 하고, 또 어떤 문화는 죄로 인해 왜곡되어 있기도 하다. 복음을 들고 매우 다양한 문화로 들어가는 일은 아찔할 만큼 복잡한 과업이다.

사람은 대개 일평생 한두 가지 문화만을 깊이 이해한다. 자신의 문화라는 물속에서 헤엄치는 물고기처럼 그 문화의 영향력을 잘 인식하지 못한다. 모든 규칙을 본능적으로 안다. 하지만 인류의 다양성은 상상을 초월한다. 지리적, 역사적, 문화적, 정치적, 언어적, 경제적 장애물이 예수님께서 주신 지상명령의 성취를 가로막고 기세를 떨어뜨린다. 영적인 차원은 아직 고려하기도 전이다. 과연 저 거대하고 만만치 않은 과업을 어떻게 마주할 수 있을까? 수백만 명의 성도들이 수천 년에 걸쳐서도 아직 그 임무를 완수하지 못했다면, 우리가 누구라고 그것을 시도하겠는가?

주어진 작은 몫을 감당하라

지상명령은 하나님의 아이디어이시다. 우리의 생각이 아니다. 지상명령의 과업에 참여려는 확신은 우리를 부르신 그분의 정체성 및 그분이 제공하신 자원에서 온다. 예수님은 그분의 아버지를 "추수하는 주인"으로 묘사하셨다(눅 10:2). 마태복음에서 제자 삼으라는 명령 앞에는 "하늘과 땅의 모든 권세를 내게 주셨으니"라는 말이 선행한다. 그 뒤에는 "내가 세상 끝날까지 너희와 항상 함께 있으리라" 하시는 약속이 뒤따른다(마 28:18-20).

하나님은 그분의 목적을 설명하신 후 우리더러 우리 힘으로 해내라고 하지 않으셨다. 하나님은 우리와 함께 일하시고 우리를 통해 일하시며 성령의 능력으로 덧입히신다. 성령님은 오랜 세월 영적으로 시각 장애를 겪어 온 사람을 일으키신다. 이슬람교, 불교, 힌두교, 정령신앙, 세속주의에 속한 사람들에게 '거듭남'을 주신다. 오직 하나님만이 그들을 (그리고 우리를) 사용하셔서 다른 사람을 제자 삼는, 성숙한 그리스도의 제자로 변화시키실 수 있다.

교회에 맡기신 하나님의 선교가 너무 압도적으로 느껴질 수 있지만, 하나님은 우리에게 모범 선례를 남겨주셨다. 역사의 기록이 자세하지 않지만, 우리는 제자들이 모든 민족으로 제자 삼으라는 예수님의 명령을 매우 진지하게 받아들였음을 안다. 1세기에 그들은 세계 전역에 복음을 전했다.

교회 전통에 의하면, 베드로와 바울은 로마에서 순교했다.[1] 안드레는 오늘날의 튀르키예, 그리스, 구 소련에서 복음을 전파했다. 도마는 맛디아와 함께 시리아로 갔다가 가장 먼 동쪽인 인도까지 갔을 것이다. 바돌로매는 인도에서 도마와 함께했을 것이고 그 후 아르메니아, 에티오피아, 남아라비아를 다니며 복음을 전했다. 빌립은 북아프리카와 소아시아에서 전도했다. 마태는 에티오피아에서, 야고보는 시리아에서, 시몬은 페르시아에서 사역했다. 그들 대부분은 외국 땅에서 잔인하게 죽임을 당해야 했다. 1세기 로마교회는 바울의 생애를 이렇게 요약했다.

"그는 일곱 번 감옥에 갇히고 추방되어 내쫓기고 돌에 맞고 동쪽과 서쪽에 전도했습니다. 그 후, 그는 자기 믿음에 대해 참된 영광을 얻었습니다. 온 세상에 의를 가르쳤고 가장 먼 서쪽 끝까지 갔습니다."[2]

부디 우리도 같은 용기와 헌신을 보일 수 있기를! 모두가 다 비행기를 타고 먼 지역에 가야 한다는 뜻이 아니다. 지상명령은 매우 광범위하고 복잡해서 동참하려는 사람의 수만큼이나 참여하는 방법도 다양하다. 우리가 세계 교회로서의 공동 목적을 이해할 때 기회, 은사, 자원, 재능, 교육, 경험에 따라 자유롭게 전심으로 지상명령을 추구할 수 있다. 담대하라. 지상명령을 '완수'할 책임이 당신에게 있는 게 아니다. 그저 하나님의 영원하신 계획 중에서 주어진 작은 몫을 신실하게 감당하면 된다.

선교에 관한 오해가 하나님의 궁극적 성취와 목적을 위협하지 못한다. "이 천국 복음이 모든 민족에게 증언되기 위하여 온 세상에 전파"될 것을 조금도 의심하지 않는다(마 24:14). 하나님의 때에 "물이 바다를 덮음 같이 여호와의 영광을 인정하는 것이 세상에 가득"할 것이다(합

2:14). 하나님은 아브라함에게 하신 약속을 끝내 성취하실 것이다. 모든 민족에게 복을 부어주실 것이다. 그분이 다 이루셨을 때, 우리는 뒤로 물러서서 그분이 행하신 일을 경외함으로 바라볼 것이며 이 영광스러운 과업에 동참하도록 초청받은 것에 감사함으로 압도될 것이다.

그리스도께서 성취하신 일을 알리는 일에 하나님 아버지와 더불어 동역하는 것보다 더 위대한 특권은 없다. 질문해야 할 핵심은 "나는 그분의 위대한 계획에 전심으로 전략적으로 참여하고 있는가?"다. 선교사로서 물리적 땅 끝으로 가든 다른 방법으로 헌신하든, 지상명령을 중심으로 인생을 조직하는 자들은 이 땅에서의 삶과 장차 올 영원한 상급에서 깊은 만족을 발견할 것이다.

> "놓치지 말라!
> 복음 들고
> 이 땅의 마지막 종족에게
> 가는 일에 동참하라!
> 하나님은 당신이 있든 없든
> 그 일을 끝마치실 것이다. …
> 그러니 할 수 있을 때 참여하라."
> _ 선교사

핵심 정리

> 내셔널 풋볼 리그(NFL)의 선수 짐 마셜은 '퍼플 피플 이터'(리그전에서 거의 모든 팀을 이겼지만, 결승전에서는 승리하지 못한 팀을 부르는 별명—역주)인 미네소타 바이킹스의 수비 라인맨으로 존경받았다. 스무 번의 시즌 동안 그는 한 경기도 빠지지 않고 출전했으며, 강인성과 신뢰성에서 좋은 평판을 받았다. 1964년, 샌프란시스코 포티나이너스와의 경기였다. 마셜은 펌블(공을 놓침—역주)된 공을 잡아서 엔드 존까지 60미터를 전력 질주했다.

마침내 골라인을 넘은 후 그는 공을 내던지며 자축했다. 그러나 상상해보라. 상대 팀 선수들이 껑충껑충 뛰고 그의 등을 두드리며 감사를 표했을 때 그가 얼마나 놀랐을지를 말이다. 마셜은 문득 자신이 잘못된 엔드 존에 서 있음을 깨달았다.[3] 그는 방금 상대편에게 승점 2점을 준 것이다.[4] 미식축구에서는 무언가를 열심히 해도 그 일이 옳은 일이 아니라면 아무 소용이 없다. 인생도 마찬가지다.

나의 딸 켈리도 짐 마셜과 비슷한 경험을 했다. 유치원 운동회날이었다. 켈리는 반 친구들과 경기를 하다가 그만 잘못된 방향으로 달렸다. 아내와 나는 뒤로 돌아 반대 방향으로 달리라고 켈리에게 힘껏 외쳤다. 그러나 켈리는 우리가 응원한다고 생각하고는 더 빨리 뛰었다. 의욕이 넘쳤고 부지런했다. 하지만 올바른 방향으로 달리지 않았다. 유치원에서 잘못된 방향으로 달리는 것은 사랑스러운 실수다. NFL에서는 큰 실수다. 그리스도인의 삶에서 지상명령을 간과하고 잘못된 방향으로 달리는 것은 우리에게도 세계 교회에도 영원한 손실일 수 있다.

하나님은 주권적으로 그분의 교회를 택하셔서 모든 민족을 위한 복의 통로로 삼으셨다. 하나님은 모든 성도에게 사랑과 자비의 이 위대한 명령에 동참하라고 명령하셨다. 그래서 그분은 우리에게 복음을 맡기셨다. 하나님께서 우리 인생을 되돌아보며 쓰실 최종 보고서는 우리의 성실함이나 훈련에 관한 것이 아니리라. 하나님께서 지시하신 그 일을 했는지에 관한 것이리라.

온 마음 다해 선교에 헌신했는가? 올바른 방향으로 열심히 달렸는가? 설령 올바른 방향으로 달리기 시작했다고 해도, 계속해서 그 선로를 따르게 하는 장치가 필요하다. 임무에서 벗어나 표류하는 일은 개인에게도 단체에도 실제적인 위협이다. 하버드 대학은 1636년에 "그리스도와 교회를 위한 진리"라는 좌우명 아래 설립됐다. 하버드 대학 최초의 사명 선언문은 이렇게 말한다. "모든 학생이 인생과 공부의 목적이 하나님과 예수 그리스도를 아는 것임을 분명하게 가르침 받고 진심으로 생각하게 하라. 그것이 영생이다. 그러므로 그리스도를 모든 건전한 지식과 배움의 유일한 기초로 삼으라."[5]

그로부터 80년이 지난 후, 한 무리의 목사들은 크리스천 고등 교육을 위한 요새를 꿈꾸며 다시 새로운 학교를 건립했다. 하버드는 본래의 임무에서 너무 멀리 벗어나 표류했다는 우려 때문이다. 그들은 새 학교를 예일(Yale)이라 불렀다. 이러한 반복은 계속되었다. 오늘날 어떤 미국 기독교 학교도 본래의 신학 신념이나 기독교적 성격을 굳게 지키고 있지 못한다.[6] 그리스도인에 의해 시작된 대형 기관도 본래 임무에서 벗어나 표류한다면, 교회와 개개인의 회중 역시 시간이 지날수록 최우선적 임무를 놓칠 위험에 빠지지 않겠는가?

자신의 견해가 틀렸다고, 불완전하다고 생각하고 싶은 사람은 없다. 하지만 잘못된 정보를 바로잡는 일은 실제로 유익하고 긍정적인 경험이다. 세계 선교를 제대로 이해하면 인생을 하나님의 뜻에 일치시키는 엄청난 특권을 깨닫게 된다. 반추하고 배우는 과정을 통해 하나님의 목적을 더 선명하게 그려가기를, 세상을 향한 하나님의 큰 그림이 얼마나 영광스러운지 깨닫기를 기도한다.

원수가 당신의 주의를 흩트리도록 두지 말라. 세계 선교를 다른 사람의 일로 치부하게 하지 말라. 선교 과업은 이루어질 수 없다고 낙심하게 하지 말라. 큰 그림을 놓친 채 근시안적으로 땅 아래의 발만 쳐다보며 잘못된 방향으로 달린다면, 당장은 안전하다고 느낄지 모르지만 결국 우리 본래의 지음받은 목적을 놓치고 말 것이다. 눈을 들어 추수할 곳을 보라. 지상명령을 중심으로 삶을 조직할 때, 모든 것이 가지런히 정돈될 것이다.

이어지는 장에서 선교에 관한 8가지 오해를 차례로 살필 것이다. 하나님의 백성이 지상명령에 온전히 헌신하지 못하도록 방해하고 낙심시키는, 선교 및 선교사에 관한 오해들이다. 이에 대해 직접 겪었을 수도 있고 다른 사람에게 들었을 수도 있다. 예를 들어, 잃어버린 자들이 자국의 그리스도인에게 복음을 들으면 안 되는 걸까? 꼭 외국인 선교사로부터 복음을 들어야 할까? 많은 사람을 단기 선교로 파송하는 작업이, 적은 사람을 일평생 파송하는 것보다 낫지 않을까? 우리가 하는 선교가 유익을 끼치기보다 해를 끼치는 것은 아닐까? 이와 같은 오해들은 적어도 한 조각의 진리를 품고 있다. 하지만 이러한 주제에 대한 이해가 부정확하거나 불완전하거나 불균형하다면, 세계 선교에 온전히 헌신하는 일에 부지불식간 무관심해지거나 의심하게 된다.

이에 대해 모든 사람이 동의하지는 않을 것이다. 괜찮다. 지상명령은 세계적인 과업일 뿐만 아니라 공동의 과업이기도 하다. 하나님은 풍성한 자원과 탄탄한 면역체계를 교회에 주셨고, 우리는 세계 선교 명령에 대한 이해를 함께 개선해갈 수 있다. 나는 이 책이 지역교회 안에 대화의 물꼬를 터주기를 소망한다. 이를 돕기 위해, 각 장을 마무리하면서 토론 질문을 넣었다. 이 물음을 통해 세계 모든 민족을 구원하시는 하나님의 위대한 계획 속으로 독자들이 깊이 뛰어들기를 소망한다.

토론을 위한 질문

1. 하나님은 아브라함의 자손이신 예수 그리스도를 통해 땅의 모든 민족에게 복을 주심으로 스스로를 영화롭게 하기 원하신다는 사실에 동의하는가? 당신은 그것을 성경의 주제로 보는가?

2. 나를 하나님의 계획에서 멀어지도록 방해하는 것 혹은 더 긴밀히 참여하지 못하도록 낙심시키는 것은 무엇인가?

3. 눈을 들어 세계를 향한 하나님의 큰 그림에 동참하게 하는 나의 활동이나 자원은 무엇인가?

Is The Commission Still Great?

우리가 하는 모든 것이 선교라는 오해

만약 모든 그리스도인을 이미 선교사로 여긴다면
누구도 일어나 복음을 전하러 떠날 필요가 없다.
하지만 유일한 관심사가 우리가 속한 자리에서 증인이 되는 것이라면,
복음화되지 않은 지역의 사람들은 과연 어떻게 복음을 들을 수 있을까?

_ C. 고든 올슨

> 오해 2. 그리스도의 이름으로 행한 모든 선한 일은, 특히 해외 봉사의 형식이라면 선교의 일부다. 모든 성도는 자신의 자리에서 선교사다.

성경의 주제를 '하나님께서 아브라함의 자손 예수 그리스도를 통하여 땅의 모든 민족에게 복을 주심으로써 스스로를 영화롭게 하시는 것'이라고 밝혔다. 성경은 하나님의 백성이라면 성령의 능력에 힘입어 하나님의 권위로 열방 가운데 제자를 만들어야 한다고 말씀한다. 만약

지상명령이 보편적 명령이라면, 개개의 교회와 그리스도인에게 의미하는 바는 무엇일까? 교회가 하는 모든 것이 선교일까? 모든 그리스도인은 선교사일까?

수마트라섬의 가장 큰 도시인 메단에서는 아이들이 모터바이크에 앉아 발이 땅에 닿은 채로 핸들을 볼 수 있기도 전에, 그것을 몰기 시작한다. 그들은 모터바이크라면 뭐든지 '혼다'라고 부른다. 그중 상당수가 실제로도 혼다이지만 야마하, 스즈키, 가와사키도 많다. 그래서 다음과 같은 대화를 낳는데, 좀 이상하게 들린다.

"혼다 있어?"

"응, 이건 야마하야."

내 생각엔 혼다나 야마하의 마케팅 임원은 이러한 현상을 별로 좋아할 것 같지 않다. 당신은 브랜드의 이름이 많이 알려지고 사용될수록 더 좋은 게 아니냐고 생각할지 모르지만, 항상 그런 건 아니다. 사람들은 크리넥스, 자쿠지, 프리스비와 같은 특정 브랜드의 이름을 일반적으로 사용함으로 가장 인기 있는 제품을 광범위하게 언급한다. 이러한 방식으로 브랜드 이름이 일반화되면 그 상품이 시장을 지배하는 회사로서는 심각한 문제다. 만약 자사 상품명이 브랜드가 아닌 품목으로서 주류 단어가 된다면, 법적으로 상표권을 잃을 수 있기 때문이다. 이를 '제네러사이드(genericide)'라고 부른다.[1]

'선교'와 '선교사'라는 단어가 제네러사이드의 위험에 처했다. 나의 부모님이 처음 선교지에 갔을 때, 선교사란 대개 문화의 경계를 뛰어

넘는 역량을 갖춘 해외 장기 전임 사역자를 의미했다. 현재는 '선교'와 '선교사'라는 용어를 조금 더 일반화해서 사용한다. 어떤 그리스도인은 선교를 정의할 때 성도를 목양하고 가난한 자를 섬기고 불의와 싸우는 등 사실상 교회의 모든 활동을 포함할 만큼 폭넓게 정의한다. 많은 북미 교회가 주차장 출구에 이렇게 써 붙였다. "당신은 지금 선교지에 들어가고 있습니다." 교회 밖에서 일어나는 일은 무엇이든 선교라고 불릴 자격이 있다는 뜻에서다.

어느 동역자가 선교 수업에 관해 나에게 해준 이야기다. 한 교수가 기독교의 여러 활동을 길게 나열하더니 각 항목이 선교에 해당한다고 생각하면 손을 들라고 요청했다. 처음 든 예시는 미전도 종족을 대상으로 문화의 경계를 넘는 사역들이었다. 모두가 손을 들었다. 더 아래로 내려가자 고향을 대상으로 한 사역이 나열되었고, 어떤 이들은 손을 내렸다. 마지막 항목은 "옆집에 사는 크리스천에게 수프를 건넨다"였다. 그러나 소수 학생이 여전히 손을 들고 있었다. 그것도 선교라는 의미에서다.

교수는 그 자리에서 물어보았다. "내가 연구실에서 혼자 경건의 시간을 보내는 것은 어떨까요?" 한 학생이 대답했다. "상황에 따라 다르지요. 사도행전을 읽고 계실 수도 있잖아요." 이웃집 성도에게 수프 한 그릇을 전하는 일이 선행임을 부인하려는 게 아니다. 하지만 그것은 동족을 위한 일의 범주 아닌가? 선교가 사도행전을 읽는 것처럼 그렇게 단순한가?

선교를 정의하는 일이 복잡한 이유는, 언어라는 게 고정적이지 않고 시간이 흐르면서 그 용례가 변모하기 때문이다. 어떤 교회는 '임무 수행 중'(on mission) 혹은 '선교의, 임무의'(missional)라고 말하고, '선교 활동'(missions)이라는 용어 대신 '선교, 임무'(mission)라는 용어를 사용한다. 단어가 중요할까? 내 견해는 상황에 따라 다르다는 것이다. 만약 단어가 시대에 뒤처져서 더 이상 원하는 뜻을 전달하지 못한다면, 전통을 지키자고 단어를 엄격하게 고수할 필요가 없다. 예를 들어 새로운 성경 번역본은 본래의 의미를 현대어로 명확히 하는 데 도움이 된다.

어느 전설에 의하면, 중앙아메리카 해변에 도착한 최초의 스페인 탐험가는 마야족에게 "이곳을 무엇이라고 부릅니까?"라고 물었다. 원주민들이 대답했다. "유카탄! 유카탄!" 그래서 스페인 사람들은 그 지역을 유카탄반도라고 부르기로 했다. 오래 지나지 않아 '유카탄'으로 들린 내용이 사실은 "우리는 당신의 말을 못 알아듣습니다! 무슨 말인지 모르겠습니다!"라는 현지어임을 알게 되었다.[2] 하지만 그 명칭은 여전히 사용되는 중이다.

중요한 의미를 전달하지 않는 단어들에 억지스레 연연하지 말자. 명확한 이름표로부터 중요한 개념을 빼앗지도 말자. 내가 우려하는 바는, 선교에 관해 말할 때 앞선 세대와는 다른 단어를 사용하게 된다는 것이 아니다. 오히려 선교라는 단어의 확장된 의미가 지상명령에 대한 이해와 그 과업에 건설적으로 참여해야 할 책임에 어떤 영향을 끼칠지 염려한다. 이와 관련된 질문은 '우리가 그 단어를 바꿀 수 있는가?'가 아니다. 오히려 우리는 이렇게 자문해야 한다. "폭넓은 기독교 활동들을 포함하도록 '선교'라는 용어의 의미가 확장된 것이 땅의 모든 족속에게 복음을 전하는 과업에 더욱 참여하도록 인도하는가?"

모든 그리스도인을 선교사라고 부르는 것이 우리가 지상명령을 더욱 부지런히 추구하도록 격려하는가? 아니면 그것이 우리의 집중력을 흩트려 하나님께서 우리에게 주신 핵심 과업을 방해하는가? 언어가 진화함에 따라, 때로는 전통 개념을 고수하기 위해 싸울 가치가 있다.

> "우리는 여러 교회가 모인 선교 연합회에 강사로 초대받았다. 강의 대부분의 시간이 미국의 재난 구호에 관한 이야기에 사용되는 모습을 목격했다. 미전도 국가에서 교회를 개척하는 우리의 이야기를 전하면서, 우린 이곳에 잘못 왔구나 싶었다."
> _ 선교사

우리가 하는 모든 것이 선교일까?

북미 교회의 선교 참여를 방해하는 오해에 관한 질문에 전체 응답자 중 73퍼센트가 상위 세 답변에 "모든 것이 선교라는 오해"를 포함했다. 5명 중 1명은 선교에 모든 행동을 포함하는 태도가 "거의 보편적"이라고 답했고 3분의 2는 "상당히 일반적"이라고 답했다. 43퍼센트는 그 오해가 성도의 선교 참여에 "매우 큰" 영향을 미친다고 말했고, 3분의 1은 "다소" 영향을 미친다고 말했다. 전반적으로 이 오해는 "선교는 중요하지만, 최우선은 아니다"라는 생각과 짝을 이루면서, 북미에 널리 퍼진 정도 면에서는 1위를, 영향력 면에서는 2위를 차지했다. 더불어 응답자 그룹 사이에서 두드러진 차이점이 나타남을 발견했다. 파송 단체 직원과 임원은 일반 교회의 구성원이나 지도자보다 '우리가 하는 모든 것이 선교'라는 오해가 가져온 영향력에 훨씬 더 높은 점수를 주었다. 반면 6년 이하로 현장에서 사역한 선교사가 그보다 더 길게 참여한 선교사보다 더 높은 영향력 점수를 주었음을 발견했다. 이것은 그 영향력의 증가세가 비교적 근래에 후원금을 모금한 선교사 사이에서 더 잘 인식되고 있음을 보여준다. 대체로 모든 설문 응답자 그룹이 '선교가 모든 것을 포함한다'는 관점이 점차 일반화되고 있으며, 이에 대해 깊이 우려한다고 전했다.

> "오랜 후원교회의 새로운 선교 담당 목사가 '우리는 모두 선교사입니다. 우리는 모두 함께 이 일을 합니다!' 라는 개념을 소개했다. 18개월이 지난 후 교회는 더 이상 선교 예산만큼 후원할 수 없었고, 대부분의 후원 약속이 끊겼다."
> _ 선교사

왜 선교의 범위를 재정의하려 할까?

복음에 힘입은 모든 종류의 선한 사역을 '선교'에 포함하도록 선교의 의미를 넓히라는 압력은 대개 좋은 의도에서 비롯된다. 말하고 행동하고 생각하는 모든 것이 하나님을 영화롭게 해야 한다는 사실을 굳건히 하기를 원한다. 바울이 가르쳤듯 "무엇을 하든지 말에나 일에나 다 주 예수의 이름으로 하고 그를 힘입어 하나님 아버지께 감사하라"(골 3:17)

는 것이다. 그렇다면 교회는 왜 모든 것에 '선교'라는 이름을 붙이고 선교의 범위를 넓히려 할까?

첫째로는 일상의 모든 활동을 품위 있게 하려는 열망 때문에 선교의 '영적인 명성'을 수단으로 이용한다. 선교의 범위를 넓히려는 또 다른 이유는, 기회가 닿을 때마다 가능한 서로를 독려하기 위해서다. 선교 사역에는 주어진 상황 안에서 누구나 참여 가능한 영역이 있다. 불신자와 친분을 쌓고, 믿음을 나누고, 이에 반응하는 사람들을 멘토링하고 제자 삼으며 그들을 교회의 구성원으로 맞이할 수 있다. 이러한 기회와 책임을 선교와 동일시함으로써 국내 사역과 해외 사역 둘 다에 좋은 영향을 끼치려고 하는 것이다. 세 번째 동기는 누구나 지상명령 과업에 대해 소속감과 기대감을 누리기 원하기 때문이다. 문화의 경계를 넘는 해외 장기 사역은 그리스도의 몸 전체가 그 일과 연관해 있다고 느껴야 더욱 활발해진다.

성도들이 선교에 관해 무관심해지기를 원하지 않기에 모든 사람이 함께 참여할 만한 중요한 역할을 강조한다. 그런데 "누구에게나 중요한 역할이 있습니다"가 얼마 후에는 "누구나 선교사입니다"로, 그 후에는 "우리가 하는 모든 것이 선교입니다"로 바뀔 수 있다는 게 문제다. 이와 같은 포괄적 접근은 선교에 대한 사람들의 관점이 너무 좁아지지 않게 막아줄지 모른다. 하지만 결국, 세계에서 가장 멀고 어렵고 두려운 지역을 향한 관심은 사그라들고 말 것이다. 서구 사회 내에도 미전도 종족 사람들이 점점 더 많아지고 있다. 얼마 전, 미용실에서 내 머

> "양쪽 다 위험성이 있다고 생각한다.
> 우리가 하는 모든 것이 선교라면,
> 선교만의 독특성을 상실할 수 있다.
> 만약 선교가 교회의 사역 철학에
> 통합되지 않는다면,
> 그 지표를 잃을 것이다."
>
> _ 교회 지도자

리를 담당해 주던 한 여성과 이야기를 나눴다. 그녀의 이름은 갈리아였고 놀랍게도 러시아 카잔 출신의 타타르인이었다. 타타르는 러시아의 미전도 종족 중 가장 큰 종족에 속하고 그 수가 600만 명에 이른다. 동네에서 타타르 사람을 만난 경험은 이러한 시대에 산다는 것이 얼마나 큰 특권인지를 상기시켜 주었다.

미전도 종족 출신의 사람을 만나서 그에게 복음을 전하는 게 이보다 더 쉬운 적이 없었다. 우리가 하는 모든 일이 하나님을 영화롭게 하고, 사실상 모든 그리스도인이 미전도 종족 사람들과 교류할 수 있다면, 하나님을 영화롭게 하는 다른 사역과 선교를 구분 짓는 요소는 과연 무엇일까?

독특성과 일반성

나는 우리 문화권 안에서 이루어지는 사역이 꼭 선교가 아니어도 가치 있다고 믿는다. 그리스도의 복음을 통해 세상을 복되게 하는 것이 성경 전반의 주제이고 교회의 주된 과업이지만, 문화의 경계를 넘는 교회 개척 사역이 '유일한' 과업은 아니다. 지상명령이 성경의 유일한 명령은 아니다. 예수님은 하나님과 이웃을 사랑하라는 가장 중요한 계명도 주셨다. 문화의 경계를 넘는 해외 선교는 하나님을 영화롭게 하는 방법 전체를 대표하지 않는다. 그리스도의 신부가 혼인을 위해 준비하는 것은 여러 활동과 연관된다. 우리가 하는 모든 것이 선교가 아니어도 좋다. 하지만 선교를 '하지 않는 것'은 안 된다.

선교의 명확하고 특징적인 정의의 고수가 하나님께서 의도하신 큰 그림에 참여하는 일을 배제하지 않는다. 복음의 전진을 위해 일꾼을 파송하고, 문화의 경계를 넘어 교회가 없는 곳에서 제자를 만드는 일로 선교를 정의한다고 해도, 선교는 여전히 그리스도의 몸 전체가 참여한다는 점에서 무한한 범위를 지닌다. 더불어 개개인으로서 참여하는 창의성과 상상력 면에서도 무한한 범위다.

지상명령이라는 과업이 너무나 거대하고 복잡하기에, 각각 다른 고유한 역할을 수행함으로 그것을 이룰 수 있다. 우리에게는 수천의 미전도 종족 그룹이 있다. 하나님께서 우리를 어떻게 사용하실지 그 가능성은 무한하다. 그중 하나는 직접 선교사로 헌신해 현대판 요나로 (바라건대 조금은 더 기쁜 마음으로) 오늘날의 니느웨를 향해 가는 것일 수도 있다. 하지만 동참하는 방법은 정말 무수하다. 세계적 과업은 모두에게 속했다. 모든 사람이 그리스도를 위해 살도록 끌어들이고 격려하려는 선한 의도와 노력에는 위험성이 내재한다. 세계가 하나님을 예배하도록 하는 큰 그림을 놓칠 수도 있다.

> "하나님을 예배하도록 하는 모든 선한 사역은 하나님께는 영광을, 주변 사람에게는 복을 가져온다. 하지만 모든 선한 일이 열방을 믿음으로 돌아오게 하는 복을 가져오지는 않는다."
> _선교사

교회를 향한 하나님의 목적은 땅의 모든 족속 중에서 그분의 뜻에 순종하는 제자들을 더 많이 만드시는 것이며, 그러는 동안 사람들은 더욱 그리스도를 닮음으로써 그분을 영화롭게 하는 것이다. '선교'라는 용어 아래 얼마나 폭넓은 활동을 포함하든, 그 모든 활동은 다 궁극적인 목적을 향해 돌아와야 한다. 그렇지 않으면 사방으로 줄행랑치는 자신을 발견할 것이고, 비유적으로 말하자면 당근에 의지한 채 레이더를 무시하게 될 것이다.

선교의 일반화

전도는 다른 사람에게 복음을 전하는 것이다. 제자화는 성도를 성숙에 이르게 하는 것이다. 선교는 문화적, 언어적, 지리적 장벽을 넘어 이와 같은 활동을 수행하는 의도적인 과정이다. 하나님은 그분이 고안하신 모든 언어로 경배받기에 합당하시며 그분이 창조하신 모든 종족의 구원받은 사람들로부터 경배받기에 합당하시다고 믿는다. 교회는 열정과 기도와 인내와 믿음으로 선교를 추구해야 할 책임이 있다.

그러나 선교를 더 넓게 재정의하는 것은 그리스도께서 명령하신 중요한 차원에 집중하지 못하게 만든다. 우리는 존재하는 단어로만 개념을 설명할 수 있다. 내가 자란 정글 부족인 사위(sawi) 언어는 3천 개 이하의 기초 단어밖에 없다. 일반적인 성인은 자신의 모국어로 1만 5천

개에서 2만 개의 기초 단어를 안다.[3] 반면 사위족은 사고야자나무를 추수하는 일과 불을 붙이고 유지하는 행동에 관해서는 많은 단어를 가지고 있다. 역사적으로 이러한 행위는 그들의 생존을 위해 매우 중요했기 때문이다. 지정학, 공기역학, 부동산, 돈 관리에 관해서는 단어가 (있더라도) 거의 없고 양에 관해서도 정말 적다. 사위어로 셋 이상은 뭐든지 '많다'를 의미한다. 그들이 수를 세는 법을 알기 전에는 '칠십육'을 세거나 지구의 자전 속도를 설명할 필요가 없었다. 모든 종족 그룹은 그들에게 중요한 주제에 관해서는 자세히 말하지만, 다른 주제에 관해서는 두리뭉실하게 언급할 뿐이다.

선교가 우리에게 중요하다면, 그것을 말하기에 적합한 '단어'를 가지고 있어야 한다. 교회를 향한 하나님의 목적은 그저 많은 사람을 구원하시려는 게 아니다. 사도 요한이 "각 나라와 족속과 백성과 방언에서"(계 7:9) 온 자들이라고 표현할 만큼, 다양한 종족의 사람을 구원하시려는 것이다. 예수님은 좋은 사람이 되라는 일반적인 지시가 아니라, 열방을 제자 삼으라는 특별한 과업을 주셨다. 우리가 하려는 일을 알고 그것을 묘사하는 단어를 안다면, 어떤 일이든 성취하기가 더 쉬워지는 법이다.

세계 교회인 우리가 그저 이웃을 섬기는 것에만 만족한다면 열방을 제자 삼지 않을 것이다. 최신 추정치에 의하면, 예수 그리스도를 믿지 않는 사람의 80퍼센트가 개인적으로 그

> "전도나 구제와 같은 선한 일이 지상명령의 정신을 진실로 따르는 길에 방해가 되기도 한다."
> _선교사

리스도의 제자를 알지 못한다.[4] 교회 공동체는 본래 의도된 영향력의 아주 일부만을 세상에 끼치고 있다. 이것은 곧 수억의 사람이 여전히 그들의 언어와 문화로 복음을 접하지 못하고 있음을 의미한다. 이해할 수 있는 언어와 문화로 복음을 접하게 하는 것은, 예수님께서 우물가의 사마리아 여인에게 자신을 계시하신 후 제자들의 사고방식에 도전하며 언급하신 추수 전의 고된 '노력'이다(요 4:38).

> "만약 우리가 내린 선교의 정의가 너무 광범위해서 이웃 아이에게 쿠키를 구워 주는 일을 선교로 간주한다면, 문화의 경계를 넘는 선교 참여는 자연스럽게 줄어들 것이다."
> _ 교회 지도자

많은 이들이 교회가 없는 곳에서 살고 있으며 성경이 번역되지 않은 언어로 말한다. 교회의 기본적인 성장만으로는 그 종족에게 닿을 수 없다. 전략적으로 세계 선교에 초점을 맞추지 않는다면, 더 많은 제자를 만들 수 있을지는 몰라도 '각 나라와 족속과 백성과 방언'까지 닿기는 어려울 것이다.

단어의 발견

1907년 미국 써모스사는 진공 처리된 보온병을 대중화하기 위해 마케팅을 시작했다. 그들은 '써모스'를 일상 용어로 만드는 데 성공했다. 문제는 1920년대 초까지 경쟁사가 그들의 진공 보온병을 가리킬 때도 '써모스'라는 용어를 사용한다는 것이다. 이에 상표권을 위한 싸움이 시작되었다. 여러 건의 소송이 연루되었고, 회사명을 'The American Thermos Bottle Company'에서 'The American Thermos Products Company'로 바꾸었다. 써모스가 진공병에 대한 통칭이 아님을 증명하기 위해 써모스 브랜드의 텐트와 난로를 출시했다.[5] 하지만 너무 늦었다. 1963년에 법원은 그 용어가 '돌이킬 수 없는 공공의 영역'에 들어갔다고 판단했다.[6]

너무 성공한 나머지 희생양이 된 브랜드는 써모스만이 아니다. '에스컬레이터', '런드로맷(동전을 넣고 사용하는 자동 세탁기와 건조기로 빨래방을 의미한다—역주)', '지퍼'는 모두 상표명이다.[7] 실드에어는 지금도 '버블랩(에어캡)'의 상표권을 소유하고 있고, 웸오는 '훌라후프'를, 소니는 '메모리스틱'을 가지고 있다.[8] 벨크로는 자사 상품을 '훅앤룹'(붙였다 떼기 편리한 고정장치—역주)이라는 통칭으로 불러달라고 호소하는 뮤직비디오까지 만들었지만[9], 설득력이 있었는지는 의문이다.

어느 날 파이오니어의 한 이사는 "당신이 '선교'라는 단어를 되찾아 올 수 있을지 모르겠다"라며 우려를 표했다. 그가 옳더라도 (아마도 그가 옳을 텐데) 신학적 차원과 문화 경계 너머의 차원에서 소명을 분명히 해야 한다. 곧, 혼란을 피하려면 적합한 '단어'를 사용하라는 뜻이다. 다른 상황에서도 이러한 유형의 조율은 필요하다.

선교 용어는 서구 바깥의 나라와 문화에서 잘못 이해될 때가 많다. '특사'와 '복음의 대사'라는 기술적인 표현은 어떤 상황에서는 '선교사'에 대한 대안으로서 유용하다. 우리가 사용하는 용어가 무엇이든, 최근에는 전통적인 선교 용어를 공식적인 의미 너머로 확장하는 경향이 있음을 알아야 한다.

모든 것이 선교이고 누구나 선교사라면, 복음을 들어본 적 없는 종족에서 제자 삼기 위해 언어와 문화의 장벽을 뛰어넘어 장기적인 노력을 기울이며 자기 인생을 투자하는 사람들을 가리키는 '단어'를 발견하려고 몸부림쳐야 한다. 교회에는 그러한 사람들이 필요하고, 그들을 불러내야 한다. 만약 단어를 혼동하거나 일반화한다면, 우리는 정확하게 말하는 능력을 몰수당한 것이다.

선교를 문화의 경계를 넘어 미전도 종족에서 예수 그리스도의 제자를 세우는 일이라고 구체적으로 정의한다고 해서 다른 사역을 열등한 지위로 격하시키지 않는다. 오히려 복음을 들고 땅의 모든 종족에게 가야 할 책임에 대해 명확하게 말해준다. 문화의 경계를 넘는 사역 영에서 특별한 훈련과 경험을 가진 사람을 향해 '선교사'라는 용어를 고수한다고 해서 다른 모든 사람을 열등한 그리스도인으로 만들지 않는다. 오히려 특별한 기술을 요구하는 사역지로 누구를 보내야 하는지 알 수 있도록 돕는다.

지상명령은 우리에게는 재정의할 권한이 없는, 어려운 과업이다. 크리스토퍼 리틀이 말하듯 "하나님을 섬기는 종의 개인적인 열망이 교회의 사명을 결정하는 것이 아니라, 오히려 잃어버린 자의 영원

> "누구나 자기 자리에서 선교사라면, 아무도 그 어디에도 가지 않아도 된다. 세계의 절반이 영적 불모지로 남아있는데, 모두가 자신이 심긴 자리에서만 꽃을 피울 것이다."
>
> ─ 선교사

한 필요가 그것을 결정한다."[10] 문화의 경계를 넘어 세계의 미전도 종족에게 복음을 전하는 과업을 완수하려면 오래도록 꾸준히 강력한 의지와 자원을 모아야 한다. 모든 일에 선교라는 이름표를 붙임으로써, 다양한 종족에게 복음을 전하시려는 하나님의 구원 계획을 무심결에 위태롭게 할 수 있다.

지나친 사용을 경계하라

2021년 초반에 어느 벨기에 농부가 밭을 갈다가 그의 트랙터를 방해하는 큰 돌을 옮겼다. 그런데 그 성가신 돌이 1820년 나폴레옹이 워털루 전투에서 패한 뒤 벨기에와 프랑스 사이의 국경선을 표시하기 위해 세운 돌이라는 사실이 후에 밝혀졌다. 농부는 무심결에 국경선을 2미터나 옮겼고 벨기에를 좀 더 넓게, 프랑스는 좀 더 좁게 만들었다. 당연히 프랑스인들은 좋아하지 않았다.[11] 이것은 지정학적 경계가 사람들의 실제 삶과 얼마나 연관성이 적은지를 보여주는 예다. 농부에게 그것은 그저 불편한 돌에 불과했다.

> "선교를 또 하나의 프로그램으로 다룬다면, 특별한 소명을 느끼지 못하는 한, 선교를 참여해야 할 특권으로 여기지 않을 것이다."
> _ 교회 지도자

선교의 의미를 넓히려는 시도가 지상명령에 대한 우리의 집중력을 흩트리는 한편, 선교의 의미를 너무 좁게 정의하는 작업도 반대의 실수를 초래할 수 있다. 때로는 선교를 지리적이거나 국가적인 경계를 넘는 활동으로만 생각하고, 선교사는 오로지 해외에서 사역하는 사람으로만 여긴다. 문화의 경계를 넘는 사역 중 상당 부분이 국제적 이동을 필요로 하지만, 선교를 꼭 그러한 방식으로 엄격하게 지정학적 용어로 정의할 수는 없다. 사람들은 언어와 문화와 유산으로 구별되기 때문이다.

선교를 지리가 아니라 종족 그룹에 기초해서 정의하려는 노력은 해외에서 사역하는 모두가 선교와 관련된 일을 하는 것은 아님을 의미한다. 또한 일부 사람들은 자신의 지역 내에서 문화의 경계를 넘는 선교를 '하고 있음'을 의미한다. 어떤 그리스도인들은 해외에 거주하는 동포들을 대상으로 사역하기 위해 국제적으로 이동한다. 또 어떤 그리스도인들은 복음과의 연관성 없이 교회 개척에 영향을 주지 않고 오직 궁핍한 사람들을 돌보기 위해 해외에 가서 구제 사역을 한다.

그러나 만약 이러한 활동들이 문화의 경계를 넘는 제자화나 교회 개척에 기여하지 않는다면, 그것들은 칭찬할 만한 활동이요 하나님 나라를 위한 더 큰 그림 중 일부이긴 하지만 선교의 성경적 범주 바깥에 위치한다. 반대로 많은 선교사가 이민자, 난민, 기타 미전도 공동체를 섬기면서 모국에서 사역하면 국경을 전혀 넘지 않고도 문화의 경계를 넘은 것이다. 핵심은 당신이 어디에 있느냐가 아니다. 당신의 주된 역할이 하나님께서 그분의 영광을 위해 창조하신 많은 미전도 종족을 제자화하고 있느냐다.

핵심 정리

기술적인 측면에서, 컴퓨터에서 문서를 삭제하는 것은 내용 자체를 지우는 게 아니다. 파일 이름과 '내비게이션 마커'를 지우는 것이다. 내비게이션 마커란 컴퓨터가 내용을 찾게 해주는 표시다. 어느 특정 파일은 결국 다른 데이터로 덮어씌워질지 모르지만, 그러는 사이에 그것은 이름이 없는 상태로 하드 드라이브에 남는다. 컴퓨터 관점에서 보자면, 그 파일에 접근할 수 있는 이름이나 경로가 없기에, 그것은 존재하기를 멈춘다.[12]

세계 선교가 이 같은 운명을 겪게 하지 말자. 선교에 대해 어떻게 정의를 내리든 간에, 세계 복음화에 반대하는 그리스도인은 없다. 문화의 경계를 넘는 선교를 행동 강령에서 삭제하려는 사람은 없다. 하지만 그 이름을 지나치게 일반화한다면, 우리는 개념을 효과적으로 삭제해버릴지 모른다. 그것은 미전도 종족에도, 교회에도 엄청난 손실이다.

세계 선교에 대한 부르심은 특권이지 짐이 아니다. J. 캠벨 화이트가 썼듯이, "그리스도께서 구속하러 오신 세계를 향한 그리스도의 목적을 채택하는 것만큼 제자들 안에 그리스도의 생명을 온전히 채울 수 있는 것은 없다. 하나님의 영원하신 계획을 위해 하나님과 동역하는 무한하고 풍성한 기쁨에 비하면, 명성과 쾌락과 부는 겉껍질과 재에 불과하다."[13]

교회는 위임받은 목적을 성취하는 데 온전히 집중할 때 가장 강하고 가장 아름답다. 예수님은 열방을 제자 삼으라는 명령을 교회에 주셨을 뿐만 아니라 바로 그 과업을 위해 교회를 디자인하셨다. 눈을 들어 추수할 곳을 바라보고 형제자매들과 나란히 서서 아직 구원받지 못한 자들을 위해 기쁘게 수고하기까지 하나님의 백성은 결코 온전히 만족할 수 없다.

지상명령에 따라 선교를 정의한다고 해서 한 가지 유형의 사역으로 제한하거나 다른 사역을 열등한 수준으로 격하시키는 것은 아니다. 오히려 우리를 자유케 해서 전 세계 교회의 자원을 주님께서 지시하신 과업에 집중시킨다. 정의되지 않은 과업은 끝마치기가 어렵다.

> "이 오해는 그리스도인의 역할을 가족을 부양하고 지역교회를 섬기고 지역사회 안에서 전도하는 것으로 축소시킨다.
> 하지만 하나님은
> 전 세계의 가족 구성원을 향한 섬김과 전도를 마음에 품고 계신다."
> _선교사

그리스도인으로서의 목적이 무엇인지 안개 속을 표류한다고 느낀다면, 낙심하지 말라. 레이더를 켜라. 눈을 들어 추수할 곳을 보라. 주변을 살피라. 열방에 복을 가져오는 일에 참여하는 방법을 보여달라고 하늘 아버지께 구하라. 하나님은 세계 안에서와 우리 안에서 그분의 구원하시는 능력을 기꺼이 보이신다. 사명을 이해하면, 우선순위와 활동이 하나님의 뜻에 더욱 합할 수 있다. 더불어 결승선을 넘는 그날, "잘하였다, 착하고 충성된 종아!" 말씀하시는 음성 듣기를 고대한다.

▸ 토론을 위한 질문

1. '선교'와 '선교사'는 어떻게 사용되는가? 이 단어 뜻의 변화가 지상명령에 대한 당신의 이해를 어떻게 바꾸어 놓는가? 이 용어의 함의가 보존되거나 재정의되거나 대체되거나 넓어졌다고 말할 수 있을까?

2. '선교'와 '선교사'를 대체할 만한 용어가 있다고 생각하는가?

3. 하나님 나라를 위한 모든 사역을 포함하는 선교 개념을 찬성하는가? 만약 그렇다면 그 이유는 무엇인가?

4. 지상명령의 일환으로서 문화와 언어의 장벽을 넘는 일의 중요성에 대해 생각해 본 적 있는가? 당신은 그러한 장벽을 넘는 일에 마음이 끌린 경험이 있는가?

Is The Commission Still Great?

선교는 다른 일상과 경쟁한다는 오해

> 하나님께서 각자에게 맡기신 특별한 사명이 무엇이든,
> 우리가 주님을 위해 사명을 감당하려는 목적은
> '전 세계의 복음화'여야만 한다.
> _ G. 앨런 플리스

> 오해 3. 선교를 추구하는 것은 다른 중요한 사역에 대가를 치르게 한다.
> 세계 선교에 집중할수록 가까운 곳에 미치는 영향력은 감소한다.

교회의 중요한 과업이 세계 곳곳을 제자화함으로써 그리스도를 예배하고 섬기는 것이라면, 선교가 이를 위해 문화와 언어의 장벽을 넘으려는 국제적이고 지속적인 노력이라고 정의한다면, 선교는 다른 활동이나 사역과 어떠한 관계를 맺어야 할까? 문화의 경계를 넘는 선교만이 중요한 사역일까? 다른 중요한 일들은 대가로 치르면서 선교를 삶의 최우선 순위에 두어야 할까? 개인으로나 교회 공동체로나 시간과 돈과 에너지는 다 제한적이다. 게다가 사람들은 서로 다른 방향에 이끌릴 때가 많다. 이웃의 필요와 그들을 섬길 기회는 많다. 그것들은 저 멀리 있는 세계 문제보다 더 긴급하게 느껴지고 해결이 수월해 보일 수 있다.

선교를 문화의 경계를 넘는 제자화 사역으로 구체화하여 정의한다고 해서 다른 역할이나 사역의 가치가 격하되지 않음을 이미 살펴보았다. 그럼에도 여전히 선교가 자원을 놓고 다른 사역들과 경쟁한다고 느껴질 수 있다. 예를 들어, 저녁 시간을 미전도 종족을 위한 기도에 사용할지, 위기 청소년 멘토링에 사용할지 갈등할 것이다. 우리는 일주일에 단 몇 차례 저녁 시간을 활용할 수 있을 뿐이다. 헌금을 성경 번역 프로젝트에 보내야 할까, 지역사회의 CPC(임신한 여성이 중절을 하지 않도록 설득하는 기관—역주)에 보내야 할까? 우리가 속한 지역사회의 필요도 너무 많은데, 서로 우선순위를 다투는 가운데 어떻게 균형을 잡을 수 있을까?

모든 사역을 다 후원할 수는 없기에, 우리는 선택지를 살피고 지혜를 구하고 결정을 내린다. 나머지는 하나님께서 돌보실 것이라고 신뢰한다. 선교는 시간과 자원의 문제만이 아니다. 근본적으로 '사람'의 문제다. 예수님께서 말씀하셨듯이, "일꾼이 적"다(눅 10:2). 잃어버린 자에게 가상의 선교사 파송을 지지하는 일은 선뜻 가능하다. 그 일은 나와는 상관없는 문제이기 때문이다. 그러나 당신의 자녀를 지구 반대편에 보내기 위해 공항에 내려주는 일은 훨씬 더 어렵다. 지상명령을 '땅끝'까지 성취하기 위해 파송되는 선교사들은 그들의 교회와 친구, 가족에게 그리움의 대상이다.

문화의 경계를 넘는 제자화 사역을 효과적으로 하기 위해서는 경건하고 성숙한 '사람'이 필요하다. 그런데 교회에 그러한 성도가 충분히 넘친다고 생각하는 곳은 많지 않다. 이때, 지역교회는 다른 사역들을 대가로 치르고 선교를 추구해야 할까? 하나님은 우리를 향해 가족 대신 미전도 종족을 선택하라고 요구하실까? 우리는 물리적 필요를 채워야 할까, 아니면 진리를 선포해야 할까?

우선 통행권을 재조정하라

사람들은 스트레스를 받으면 이분법으로 생각하는 경향이 있다. 가거나, 남는다. 헌금하거나, 저축한다. 지역사회에 집중하거나, 세계로 나간다. 때로 선택지를 단순화하는 것은 복잡한 세상을 처리하는 데 도움을 주지만, 스티븐 코비가 '고갈의 마음가짐'이라고 부른 것을 초래하며 극단적이고 불필요한 진자운동에 예민해지게 만들 수 있다.[1] 로버트슨 맥퀼킨은 영적 진리의 균형잡기와 관련해 "성경적 긴장의 중심에 머물기보다는 꾸준히 극단에 치우치는 게 더 쉬워 보인다"라는 사실을 발견했다.² 더 쉽다. 하지만 더 좋은 건 아니다. 삶의 여러 영역에서 '성숙'이란 서로 경쟁하는 듯 보이는 진리들을 적절한 긴장 가운데 붙든다는 의미다.

사역의 가능성을 전형적인 교차로로 간주할 때가 많다. 한쪽이 초록불이면 다른 쪽은 빨간불일 거라고 말이다. 하나를 선택해서 전진하거나, 하나의 그룹에 우선순위를 두면 다른 안은 거절하거나 멈춰야 한다고 말이다. 모든 일을 할 수는 없기에 나의 필요와 미전도 종족의 필요 중에, 국내 사역과 해외 선교 중에, 물리적 필요를 채우는 일과 복음 전도 중에 선택해야 한다. 하지만 '고갈의 마음가짐' 대신 '풍요의 마음가짐'을 채택한다면 어떻겠는가? 적극적인 해외 선교가 오히려 지역의 영향력을 높인다면 어떻겠는가? 어쩌면 이런 결정들은 사거리 교차로가 아니라 회전 로터리라고 생각할 수 있을 것이다.

로터리의 지대한 기여에도 불구하고 보통의 미국인은 로터리를 좋아하지 않는다. 자동차를 위해 고안된 첫 번째 회전 로터리는 1905년에 개통된 뉴욕시의 콜럼버스 서클이다. 제 역할을 잘하는 회전 로터리는 사거리 교차로에 비해 더 안전하고 보다 경제적이며 효율적이다. 동력이 필요 없고, 유지비도 적게 들며, 교통 흐름을 끊지 않는다. 차들이 동일 방향으로 움직이기 때문에 전면 충돌이나 측면 충돌이 발생하지 않는다.³

이 모든 장점에도 불구하고, 로터리는 미국에서 인기를 얻지 못했다. 차들이 위험한 속도로 유입되고, 요리조리 빠져나가고, 서로 충돌

했다. 한번 사고가 나면 로터리는 차들로 꽉 막혀서 움직일 수 없는 지경에 처했다. 1950년대까지 대부분의 미국인은 교차로가 남은 선택지여야 한다고 결론지었다. 여전히 많은 사람이 그렇게 생각한다.[4]

1966년, 영국은 로터리에서 무엇이 잘못되었는지를 따져보았다. 본래의 로터리 디자인에 따르면, 진입하는 차가 우선 통행권을 가진다. 운전자들은 이미 로터리에 들어와 있는 차들을 신경 쓸 필요 없이 높은 속도로 달렸다. 로터리에 진입한 후에는, 들어오는 운전자를 피하면서 출구를 살펴야 했다. 교통량이 늘어날수록 로터리 전체는 차들로 가득 찼고 정체를 피할 수 없었다. 이에 영국인들은 우선 통행권 체계를 뒤집고, 로터리의 안쪽 회전 차량에 우선권을 부여해야 함을 깨달았다. 그 후로 진입하는 차는 잠시 멈춰서 그들이 들어갈 공간이 있는지 확인해야 했다. 회전 중인 운전자는 진입하는 차를 피하는 방법이 아니라 안전하게 빠져나가는 데 집중할 수 있었다. 올바른 우선 통행권이 세워지자, 수용력이 10퍼센트나 향상되었고 충돌은 절반 가까이 줄었다.[5]

로터리는 모든 사람의 유익을 위해 서로 협력해야 함을 보여주는 예다. 로터리 안쪽의 운전자가 바깥쪽 운전자보다 더 중요한 건 아니지만, 모두가 각자의 목적지에 도달하려면 순서가 있어야 한다. 진입하는 차들은 끼어들 공간을 찾기 위해 잠시 속도를 줄여야 하지만 그래도 모두가 혜택을 누린다. 효율적인 교통 흐름과 총체적인 정체 사이의 차이는 적절한 우선 통행권 규칙의 적용 여부다.

완벽한 비유는 아니지만, 해외 선교와 국내 사역 사이 일어나는 긴장에 같은 원리를 적용할 수 있다. 전체 시스템이 잘 작동되어서 모두가 혜택을 누리는 것이 목표다. 지상명령이 '모든' 민족의 제자화를 포함할 뿐 아니라 심지어 강조하기 때문에, 교회는 문화의 경계를 넘는 사역을 존중해야 한다. 어쩌면 어떤 의미에서 복음에 대한 접근권이 적은 자들에게 '우선 통행권'을 주는 것이라고 이해할 수 있다.

먼 곳에 있는 미전도 종족이 우리의 이웃보다 더 중요하다는 뜻이 아니다. 그들에게 복음을 전하는 일이 교회로부터 더 많은 의도적인 수고를 요구한다는 뜻이다. 가까운 이웃에게 복음을 전하기 위해 우리의 삶을 극적으로 재조정할 필요는 없다. 하지만 성경이나 교회나 예수님의 제자와 접촉해보지 못한 35억 명의 사람에게 복음을 전하려면, 우리 중 상당히 많은 수가 삶을 '재조정'해야 할 것이다. 많은 그리스도인에게 선교는 가장 쉽게 간과되는 영역이다.

> "지역사회의 정의 구현과 구제 사역을 우선하는 교회는 선교 중심적인 교회가 자신들의 우선순위를 경시한다며 분개한다."
> — 선교사

사역을 결정할 때 우리는 단순한 이분법적 결론을 지양해야 하며, 건강한 생태계를 조성하는 데 집중해야 한다. 그래야 지상명령이라는 큰 그림을 마음에 그리면서 적극적으로 추구할 수 있다. 땅의 모든 종족을 복음화하겠다는 성경적 비전을 품는다면, 가족과 지역사회를 향한 사역을 포함하여 우리 삶의 다른 영역까지도 그 중요한 목적과 협력하는 방향으로 이끌 수 있다.

선교 vs. 나의 필요

슬프게도 예수님을 따르는 사람들 사이에서도 선교에 대한 이해가 부족하다. 우리는 하루하루를 바쁘게 살다가 로터리로 돌진하고는, 다른 사람들이 길을 가로막는 것을 발견하면 놀라고 짜증이 난다. 선교가 개인의 안위와 가족의 삶을 어렵게 만든다고 느낄 수 있다. 인생이 복잡해질수록 초점은 자연스럽게 안으로 향할 것이다. 스트레스 상황을 만나면 주변을 보는 시선을 잃는다.

　주의를 기울이지 않으면 그리스도인의 삶은 나 자신, 나의 성화, 내 형통, 내 안전, 내 가족의 영적 성장에 관한 것이라고 느끼기 시작한다. 개인의 필요와 가족의 필요는 실제적이고 끊임없이 변한다. 우리는 그 필요들에 점차 시선을 기울인다. 나 자신을 돌보고 내가 사랑하는 사람을 책임지는 것과 더 큰 집, 더 멋진 휴가, 더 안정적인 재정 확보에 사로잡히는 일 사이의 경계가 모호해진다. 그 무엇도 반드시 틀렸다고 할 수는 없지만, 그것들은 만족과 안전에만 집중하도록 우리의 시선을 낮춘다. 나와 가족을 향한 하나님의 더 크신 목적을 보지 못하게 한다.

　물질주의의 유혹은 서구 문화에서 특히 분명하지만, 세계 어디서나 마찬가지라고 생각한다. 누구나 그리스도인으로서 지상명령을 기준 삼아 자신의 생활 방식을 세심히 살펴야 한다. 의심할 바 없이, 하나님과의 동행은 하나님을 영화롭게 하고 내 삶을 변화시킨다. 하지만 개인의 성화와 미전도 종족의 제자화가 서로 경쟁할 필요는 없다. 우선 통행권이 중요하다고 해도, 이 둘은 분리될 수 없다. 아브람은 안락한 땅에서 부름을 받고 순종의 길에 올랐다. 그는 우르를 떠나면서도 자신의 최종 목적지를 몰랐다(히 11:8). 하나님께서 아브람의 후손을 통해 세상에 복을 주시려는 계획을 차츰차츰 계시하심에 따라, 그는 믿음으로 사는 법을 배웠다.

하나님의 선교에 참여함에 따라, 우리도 믿음으로 사는 법을 배울 것이다. 안전을 선택하고 열외가 되는 것이 영적 성장을 가속화하지 않는다. 지상명령에 참여하지 않으면서 개인의 성화를 추구하는 것은 곡을 다 익힐 때까지 피아노를 치지 않고 기다리겠다는 것과 같다. 그것은 통하지 않는다. 당신은 연습할 때, 비로소 배운다.

내 가족은 어떨까? 딸이 다니는 크리스천 고등학교 졸업식에서는 한 사람씩 나와서 자신의 대학과 직업에 관한 계획을 발표하고 큰 박수를 받았다. 그러나 내 기억에, 단 1명의 학생도 복음을 전하거나 사역에 참여하겠노라고 말하지 않았다. 물론 성공적인 사회생활과 높은 보수를 보장하는 직업은 찬성한다. 하지만 여기서 하나님 나라는 어떤 의미가 있을까? 단지 가상의 세계일까? 다음 세대에게 영원한 가치 체계를 어떻게 전수하고 있는지 질문하고 싶다.

자녀에게 주는 선물 중에 그들의 인생이 땅의 모든 민족에게 복을 주는 삶, 하나님을 영화롭게 하는 웅장한 임무의 일부라는 확신을 심어 주는 일보다 더 위대한 선물이 있을까? 하나님께서 그들에게 열어주시는 길이 무엇이든, 그들이 자신의 인생을 지상명령에 헌신하는 모습을 본다면 무엇을 더 바랄까?

당신과 교회를 열방에 하나님의 복을 전하는 통로로 삼아달라고 구하라. 우리 문화가 점점 자기중심적이고 안전을 추구함에 따라, 선교 참여는 나와 상관없는 일이나 위험한 일로 느낄 때가 많다. 원수는 그리스도인이 선교에 적극적으로 참여하는 사람이 되는 걸 원하지 않는다. 원수는 우리를 방해하고, 낙심시키고, 두렵게 하려고 애쓴다.

그리스도인은 자신과 가족을 돌보는 일과 땅끝에 이르도록 돕는 일 사이에서 선택할 필요가 없다. 개인적 필요와 하나님의 큰 계획은 이분법적 선택을 요구하지 않는다. 믿음을 키우고 가족을 사랑하는 가장 좋은 방법은 열방을 제자화하는 일에 참여하는 것이다.

선교 vs. 지역교회

몇 년 전 참석했던 크리스천 대학에서 나는 당장이라도 폭발할 것 같은 '거룩한 전쟁'을 감지했다. 한편에는 헬라어, 신학, 교회 정치를 통달하기를 즐거워하면서 성경을 손에 든 목회 지망생들이 있었다. 다른 한편에는 언어학, 인류학, 전도학 수료증이 자랑스럽게 빛나는 선교 지망생들이 있었다. 어느 편이 이길까? 농담 삼아 그렇게 물었지만, 때로는 그 긴장감이 너무 팽팽하다.

모든 민족을 제자 삼으라는 그리스도의 지상명령을 크게 생각해보지 않은 채 평생 헌신적인 교회의 일원으로 지역교회를 섬기는 일이 가능하다. 대체로 교회는 자신의 지역에서 그들의 직원, 예산, 자원봉사자가 실행할 수 있는 것보다 더 큰 비전을 품는다. 세계를 품기보다 먼저 이웃의 필요를 살펴야 한다고 생각하기가 더 쉽다. 2018년의 연구는 미국 교회 성도 중 '지상명령'이라는 용어에 친숙한 성도는 절반도 미치지 못함을 나타냈다.[6]

약간의 창의력만으로도 세계적 관점에서 벗어나 이분법적 사고로 돌아가는 길을 합리화할 수 있다. 예를 들어 예수님은 제자들이 "예루살렘과 온 유대와 사마리아와 땅끝까지 이르러 내 증인이 되리라" 말씀하셨다(행 1:8). 그리스도인들은 종종 이 구절을 순차적인 과정으로 이해한다. 먼저 영향력이 닿는 가까운 집단에 이르고, 그 후에 당신의 유대와 사마리아(이웃 사회와 문화권)에서 사역을 추진하고, 그러고 나서도 시간과 에너지가 있다면 땅끝까지 가라는 것이다.

아니면 어떤 그리스도인들은 이 구절을 선택사항으로 이해한다. '나의 예루살렘'에 참여하는 한, 나머지 세계에는 관심을 기울일 필요가 없다고 받아들인다. 데니 스피터스는 이러한 사고의 결점을 지적한다. "예수님은 제자들에게 고향에서 시작해서 그 임무를 마칠 때까지 계속해서 이동하라고 말씀하시는 게 아니다. 제자들은 갈릴리인이었다. 예루살렘은 그들의 고향이 아니었다. 예루살렘은 열방으로 향하는 전략적 출발지였다."[7]

하나님께서 제자들을 전략적으로 예루살렘에 두신 이유는 그곳을 지중해 지역 사방에서 온 유대 순례자들로 넘치게 하실 작정이셨기 때문인 것 같다. 오순절에 수천 명의 사람이 제자들의 사역을 통해 구원받았고, 고향으로 돌아갈 때 복음을 들고 갔다. 교회 활동을 평가할 때 그것이 열방을 복음화하는 일에 얼마나 전략적인가에 따라 평가하는가? 새로운 사역을 계획할 때 그 사역이 전 세계에 미치는 영향력을 어떻게 극대화할지 고려하는가?

교회가 전 세계의 크리스천 공동체에 줄 수 있는 은사 중 하나는 조직적으로 계획하고 실행하는 방식이다. 여기에는 지상명령에 대한 반응도 포함된다. 지역교회는 위원회, 예산, 행사, 절차 등의 형태로 존재한다. 교회는 지속적인 파송 및 헌금이라는 체계를 세웠고, 그것은 큰 유익을 끼쳤다.

하지만 한 가지 위험이 남았는데, 바로 선교를 '프로그램'으로 격하시키려는 경향이다. 선교를 프로그램으로 따로 떼어서 특정 사람에게 속한 영역으로 여긴다. 프로그램과 구조가 그만의 고유한 위치를 차지하는 건 맞다. 하지만 우리는 계속해서 큰 그림을 설명하고 강조하며 눈을 들어 하나님의 말씀과 세계를 바라보아야 한다. '로터리 비유'에서 미전도 종족 사역에 우선 통행권을 준다는 것은, 이 특별한 활동이 '모든' 민족의 제자화에 어떻게 기여하는가를 끊임없이 묻는 일을 의미한다. 지상명령 중심의 사고방식은 프로그램 그 이상이다. 그것은 우리가 하는 모든 일에 동력과 결집을 공급하는 문화요 세계관이다.

눈을 들어 예수님께서 우리에게 맡기신 전 세계적 과업을 바라본다면, 인생의 모든 순간이 훨씬 더 활기찰 것이다. 교회인 우리는 지역사회에 단순한 자원과 시간 이상의 복을 가져다줄 수 있다. 게다가 우리에게는 주변 세계가 절실히 원하는, 하나님께서 주신 비전과 목적이 있다. 사회의 위기 청소년을 멘토링하고 노숙자를 돌보고 싱글맘을 후원하며 믿는 자들을 제자로 훈련해, 그리스도를 위해 세상에 영향을 끼치도록 용기를 북돋을 수 있다. 자녀를 위한 프로그램을 계획할 때 그들을 제자로 훈련해, 온 세계에 대해 생각하게 이끌고 미전도 종족 사역을 꿈꾸도록 동기를 불어넣을 수 있다. 성도들과 지역사회를 사랑하는 가장 좋은 방법은 그들이 온 세계에 편만한 하나님의 영광을 추구하도록 가르치는 일이다.

내 삶을 들여다보면, 그리스도를 위하여 세상에 영향을 끼치겠다는 나의 헌신이 나를 더 좋은 남편, 아버지, 친구, 상사, 직원, 이웃이 되게 했다. 하나님을 알아가겠다고 결심하면 할수록, 또 열방에 복을 주시려는 그분의 계획에 동참하겠다고 결심하면 할수록, 나는 미처 깨닫지도 못한 사이에 내 주변에 하나님의 아들이신 그분을 더욱 비춘다. 하지만 만약 내가 하루의 필요와 기회에만 집중한다면, 우연히라도 열방에 복이 되지 못할 것이다.

땅끝에 이르려면 의도성이 필요하다. 교회에 관해서도 마찬가지다. 선교에 집중하는 교회는 복음을 중심으로 퍼져가는 원심력이 있다. 사람을 파송하고 성장을 지속한다. 하나님의 영광을 위해 가까운 곳과 멀리 있는 세상 모두를 변화시킨다. 바로 옆 울타리 너머로 비전을 품는 교회는 지역 사역도 생기있게 해낸다.

한 번도 만나보지 못했고 이름조차 발음할 수 없는 사람들을 위해 교회의 건강과 영향력을 희생하라고 하나님께서 요구하시는 것처럼 느껴질 때가 있다면, 안디옥 교회 예에서 위로를 얻을 수 있다. 지역에서 열매를 풍성히 맺던 시기에 성령님은 최고의 리더 둘, 곧 바나바와 바울을 먼 곳을 위한 사역으로 파송하라는 지시를 내리셨다(사도행전 13장). 안디옥 교회가 안디옥 전체를 복음화했다거나 변화시켰다는 생각은 하지 않는다. 여전히 남은 할 일이 많았다. 하지만 하나님은 그들이 친숙한 지역에서만 영향을 미치기보다 그 이상의 더 큰 계획을 품고 계셨다. 가장 능숙한 리더 둘을 포기하심으로써 안디옥 교회는 복음의 무대로 한 걸음 올라섰고 역사의 흐름을 바꾸었다. 그 희생을 통해 안디옥 교회 성도들은 지중해 세계의 복음화에 결정적 역할을 했다. 얼마나 멋진 특권인가!

오늘날 그리스도인들은 바로 그 순종의 실천에 자신의 영적 유산을 얼마간 빚진 자다. 바나바와 바울이 항해를 떠나자, 다른 리더들이 등장했고 교회는 계속해서 성장했다. 하나님의 부르심에 응답하는 일은 언제나 우리에게 최고로 이익이다. 설령 당시에는 그렇게 느끼지 못하더라도 말이다.

교회에 관한 성경의 비유 중 사람의 몸에 빗댄 것은 가장 일반적인 방식이다. 각 지체가 독특하고 중요한 역할을 한다. 한 지체가 고통을 당하거나 없어지면, 그것이 몸 전체에 영향을 미친다. 그리스도인의 경건 생활이나 이웃의 복음화에 관심이 적은 불균형한 교회는 누구에게도 도움을 줄 수 없을 것이다. 반면, 교회 내부와 지역사회 안에서만 사역하는 교회가 장기적인 세계 선교와 연결되지 않는다면 취약해질 수 있다. 지역의 지체들을 건강하게 세우는 일과 열방을 전략적으로 복음화하는 비전이 서로를 탄탄하게 보완하지 않으면 위험하다. 이 둘은 더불어 자라야 한다.

선교와 교회의 다른 사역은 갈등 관계일 필요가 없다. 바울이 지중해 동편에 교회를 세울 때, 많은 선한 일이 바울의 관심을 얻으려고 경쟁했던 게 틀림없다. 바울은 신약성경의 책을 12권 이상 저술했고, 그 책은 다 성도들에게 쓰는 편지였다. 초대교회의 신학적 기초를 놓는 데 지대한 공헌을 한 바울은 디모데, 디도와 같은 젊은이들을 제자화하고 자신이 세운 교회를 든든히 하기 위해 파송했다. 그는 갈라디아서에서 "가난한 자를 기억"하려는 자신의 간절함을 묘사한다(갈 2:10). 또한 마게도냐와 아가야 사람들이 예루살렘 성도 중 가난한 자를 위해 얼마의 헌금을 모으도록 준비시켰다(롬 15:26). 바울은 병자를 고치고, 약한 자를 위로하고, 초대교회 목회자들을 목양했다.

하지만 이와 같이 성도를 대상으로 하는 강력한 사역 중에도, 바울은 미전도 세계의 새로운 땅을 밟으려는 큰 그림을 놓친 적이 없었다. 그는 로마의 교회에 이렇게 편지했다. "내가 그리스도의 이름을 부르는 곳에는 복음을 전하지 않기를 힘썼노니 이는 남의 터 위에 건축하지 아니하려 함이라"(롬 15:20). 심지어 "이제는 이 지방에 일할 곳이 없고"(롬 15:23)라고 말한다. 그것은 개척자의 정신을 보여주는, 놀랄 만한 주장이다. 복음의 영향력과 지평을 넓히는 일은 바울이 가장 중요하게 여기는 우선순위였다. 바울은 그 목표를 마음에 품고 부지런히 교회를 섬겼다. 복음 선포에 대한 바울의 집중력은 고향에 있는 성도들의 필요를 돌보는 일을 방해하지 않았다. 교회 대신 선교를 선택한 게 아니었다. 오히려 그는 선교 정신을 교회 안에 불어넣고 살아냈다.

바울이 받은 사도로서의 소명은 우리가 다가가기 어렵다고 느낄지 모르지만, 그의 통합적인 사역 접근법에는 배울 점이 참 많다. 전통적으로 교회는 지역사회에도, 세계에도 영향을 끼치도록 고안되었다. 복음이 닿지 않은 이들에게 우선 통행권을 주는 큰 그림이 우리에게 더 명확할수록, 그리스도의 몸은 지역이나 해외나 그 중간 어디에서나 더 혜택을 입을 것이다. 만약 자신과 이웃에만 집중한다면, 모든 것은 엉망이 되기 시작하고 사역도 결국 멈추고 말 것이다. 지역사회에만 집중하는 것이 스스로를 보호하는 방법이라고 생각할지 모르지만, 하나님의 계획을 향한 동참을 막으며 교회를 위험에 빠뜨릴 것이다.

> "미국 교회는 지역사회의 필요가 아닌 선교사 후원에 자원을 사용하는 모습을 잘못된 청지기 정신이라고 느끼는 것 같다."
> _ 선교사

하나님의 뜻은 선교와 교회의 다른 주도권 사이에서 경쟁하는 것이 아니다. 하나님의 뜻은 선교가 교회 생활의 다른 모든 영역에 영감과 활력을 부여하고 세계적 관점을 심어주는 것이다. 당신의 교회가 열정이 부족하고 성장하지 않아서 엉망이 된 것처럼 보인다면, 엉뚱한 길에 우선 통행권을 준 것은 아닌지 깊이 생각하라. 어쩌면 당신의 눈을 들어 높은 곳을 볼 기회다.

선교 vs. 사회 정의와 발전

잃어버린 자의 물리적 필요를 채우는 일과 그들에게 복음을 전하는 사이의 긴장은 어떠한가? 정의를 추구하는 일과 복음을 전하는 일 사이의 긴장은 어떠한가? 물리적 필요에 주된 초점을 맞춰야 할까, 아니면 영적 필요에 맞춰야 할까?

그것은 해외 선교에만 해당하는 질문이 아니라 우리가 속한 모든 교회에도 해당하는 질문이다. 참된 긍휼에 관한 질문이자 사회 · 정치적 역학에 관한 질문이요, 신학적 관점에 관한 질문이다. "지옥이 실재하는가? 사람들은 정녕 '구원받아야' 하는가? '전도'란 무엇이고 '제자화'란 무엇인가?" 종종 아시시의 성 프란시스를 떠올리곤 한다. "항상 복음을 설교하십시오. 필요하다면 말을 사용하십시오."[8] 나에게는 말을 사용하는 방식이 가장 어려운 부분이라서 이 조언이 고마운 위로다. 하지만 그것이 교회를 향한 하나님의 우선순위와 가르침을 반영한다고 볼 수 있을까?

예수님은 지상명령만이 아니라 "주 너의 하나님을 사랑하라"와 "네 이웃을 네 자신과 같이 사랑하라"는 대 계명(막 12:30-31)도 승인하셨다. 예수님께서 이 둘이 서로 충돌하지 않도록 하셨기에, 우리도 그렇게 해야 한다. 우리에게 주어진 책임은 예수 그리스도의 사랑을 증명하고 전하는 것인데, 그 사랑은 우리에게 세상을 복음화하라고 요구하신다. 로버트슨 맥퀼킨의 글은 복음에 관한 하나님의 관점과 그리스도인의 우선순위를 아름답게 묘사했다.

"만약 땅의 모든 사람이 풍족해서 대학 교육을 받을 수 있고, 완전 고용이 이뤄지고, 모든 불의와 전쟁이 그치고, 완벽한 건강을 유지하지만 하나님을 전혀 모른 채로 남겨진다면 아버지의 마음은 여전히 깨어져 있으실 것이다. 잃어버린 존재를 향한 '첫 번째' 우선순위는 그분과의 화해다. … 만약 유토피아가 창조될 수 있는데 인간이 영원토록 잃어버린 바 된다면, 아버지의 마음은 결코 충족되지 못하신다."[9]

복음을 분명하게 전하는 것, 그것은 우리가 사랑을 보여줄 수 있는 유일한 방식일 뿐 아니라 절대적으로 중요한 방법이다. 하나님의 우선순위에 전념하는 것은 상처 입은 세상에 가져다주기를 바라 마지않는, 가장 확실한 도움을 전할 수 있다. 마음이 변할 때 사회도 변한다. 예수님은 사람들의 물리적 필요를 채우시는 동시에 천국 복음을 전하심에 아무런 문제가 없으셨다. 예수님은 물으셨다. "사람이 만일 온 천하를 얻고도 제 목숨을 잃으면 무엇이 유익하리요"(마 16:26). 예수님은 사람에게 가장 필요한 것이 무엇인지 놓치지 않으신 채 전인격을 대상으로 사역하셨다. 복음 메시지를 강조한다고 해서 인간의 고통에 무심한 게 아니다. 2010년 로잔회의에서 존 파이퍼는 이것을 훌륭하게 설명했다. "그리스도인은 모든 고통에 관심을 기울입니다. 특히 영원한 고통에요."[10] 우리가 복음을 전하는 이유는 사람들이 살다가 영원한 소망 없이 죽는 것을 너무나 안타깝게 여기기 때문이다. 당신이 정녕 사회 변혁을 믿는 사람이라면, 선교에 온전히 헌신해야 한다.

복음은 언제나 하나님의 사랑을 구체적으로 증명해 보이는 삶과 정확히 발맞춰 전진해왔다. 전 세계적으로 수많은 병원, 교육기관, 사회적 발전은 선교사들의 사역으로 추적해 올라갈 수 있다. 선교사인 나의 부모님은 사위(sawi) 부족의 알파벳을 개발하고, 글 읽는 법을 가르치며, 전쟁 중인 마을 사이에서 평화를 확보했다. 그 지역은 규모가 작은 편이었는데 이는 너무 많은 사람이 질병과 전쟁으로 조기 사망했기 때문이다. 그들은 40대 남성을 가리켜 노인이라고 생각했다. 어머니는 그러한 사람들 사이에서 의료 사역을 통해 일주일에 1명씩 생명을 구했다. 이후 내가 팀으로 참여했던 무슬림 사역은 수많은 도시 개발과 궁휼 사역을 연계해 진행했다.

세계를 향해 나아갈 때, 하나님은 우리를 사용하셔서 많은 사람을 해방시키고 교육하며 부유케 하신다. 하지만 우리가 제공한 가장 혁명적인 것은 복음이다. 예수님은 세상 죄에 대한 대가를 지불하기 위해 십자가에서 돌아가셨다. 그 메시지를 분명하게 전달하지 않는다면, 복음은 순식간에 상실될 것이다. 이에 대해 맥퀼킨이 잘 정리했다. "지상명령을 표현하는 방법은 다양하다. 하지만 가장 순수한 발현은 하나님의 백성이 다른 이에게 하나님을 사랑하라고 설득할 때 온다. … 잃어버린 자에 관한 한, 대 계명에 순종하는 최선의 길은 지상명령대로 사는 것이다."[11]

지상명령은 예수님께서 행하고 가르치신 모든 것의 절정이다. 나중에 보충하신 견해가 아니다. 세상은 그리스도께서 그분의 죽음과 부활을 통해 우리를 창조주와 화해시키셨다는 사실을 알아야 한다(골 1:21-23). 논리적으로 이러한 현실은 전 세계를 향한 복음 전도로 직접 이어진다. 우리는 모든 민족이 어디에서나 듣고 믿고 그 진리에 따라 살 기회를 원한다.

> "'개종'은 이제 매우 부정적인 의미를 함축한다. 문화는 선교가 사회사업에 그치도록 수치에 빠뜨렸다."
> _ 선교사

핵심 정리

> 세상 속에서 하나님의 증인으로서 하나님을 영화롭게 하는 것은 나머지 모두를 대가로 치르고 행하는 한 가지 선한 일이기보다는, 공통된 절대 주제여야 한다. 모두가 다 선교사가 되지는 않지만, 모두가 다 선교적 사고방식에 따라 살 수 있다. 하나님의 백성으로 부르신 뜻에는 지역적인 차원과 세계적인 차원이 있으며, 이 둘 사이에는 건강한 긴장이 꼭 필요하다. 만일

당신이 그러한 긴장감을 느낀다면, 제대로 된 곳에 있다는 뜻이다. 긴장감을 느끼지 못한다면, 어디에서 (자신이 속한 지역을 향한 것이든 열방을 향한 것이든) 비전을 잃어버렸는지 깊이 생각하라.

우리는 이분법적 선택에 갇힌 채 '고갈의 마음가짐'으로 살아선 안 된다. 하나님은 우리를 부르신 그 사역에 필요한 자원을 우리에게 공급하실 것이다. 사역을 서로 경쟁하는 관계로 보지 말라. 그 둘의 전략 사이에서도 시너지를 추구할 수 있다. 이웃을 향한 사역과 미전도 종족을 향한 사역은 둘 다 하나님께서 계획하신 일부다. 지상명령은 미전도 종족에게 우선 통행권을 주라는 의미를 함축하는 동시에 성도, 내 가족, 우리 교회를 향한 영적인 복을 촉진한다.

지상명령을 추구해야 하는 이유는 예수님께서 명령하셨기 때문이다. 예수님은 모든 민족과 문화 가운데 경배받기 합당한 분이시기 때문이다. 그 말은 우리의 노력이 미전도 종족, 곧 교회와 성도와 복음에 대한 접근성이 가장 낮은 사람들에게 미쳐야 한다는 의미다. 우리가 성장할 수 있는 기회, 진정한 모험을 경험할 수 있는 최고의 기회는 장기적인 큰 그림을 장착하고 세계 선교의 노력에 동참하는 것이다. 그것이 각 개인의 상황에서 실제로 어떻게 작동되는지는 차치하고 말이다. 그 동참이 위험하게 혹은 불편하게 느껴질 수 있지만, 가족과 교회를 보다 건강하게 한다. 고인 연못물이 아니라 신선한 강물로 변화시킨다. 이웃을 전도해서 제자 삼을 때, 그들과 함께 다른 이들을 전도하는 일에 참여함으로 세상에 미치는 그리스도인의 영향력을 확대할 수 있다.

우리가 느끼는 긴장감을 해결하는 가장 좋은 방법은 나의 가치관을 하나님의 가치관에 일치시키는 것이다. 삶의 우선순위를 정하는 일은 결코 쉽지 않지만, 말씀과 기도로 하나님의 뜻을 구하는 사람에게 성령님은 지혜를 주신다. 교회의 책임을 어떻게 보느냐에 대한 일관되고 온전한 관점은 그에 관련된 모든 사람(각각의 그리스도인, 지역교회, 세계 교회, 미전도 종족)에게 유용하다.

영적 성숙을 이루려면 하나님께서 맡기신 세계 선교의 과업을 추구해야 한다. 교회를 든든히 하려면 열방을 향한 복의 통로로 교회를 인식해야 한다. 만약 진정으로 사람을 사랑하고 정의를 추구한다면, 열정과 성실을 다해 복음을 전할 것이다. 경쟁심이나 오만은 역효과를 낳는다. 그것은 마치 암흑에서 당근이 보게 해줄 거라고 믿는 것과 같다. 계략에 빠지지 말라. 레이더를 켜고, 성경을 펼치고, 자신 있게 날아라. 주님께서 다시 오실 때 또는 본향으로 부르실 때, 열정적으로 아버지의 일에 전념해 온 우리를 발견하시기를 기도한다.

▸ 토론을 위한 질문

1. 당신은 선교와 관련해서 어떠한 긴장을 느끼는가?

2. 선교적 사고방식이 나의 가족과 교회와 성도들에게 어떠한 유익을 미칠 수 있을까?

3. '풍요의 마음가짐'은 당신과 교회의 사역 결정 방식을 어떻게 변화시킬 수 있을까?

Is The Commission Still Great?

이제는 단기 선교가 더 적실하다는 오해

단기 선교는 장기적 헌신을 요구한다.

_ 데이비드 요하네스

> 오해 4. 교회는 더 이상 장기 선교사를 파송할 필요가 없다.
> 단기로 보내는 것만으로도 큰 영향력을 끼칠 수 있다.

1980년대 말, 나는 당시 내가 살던 복잡한 인도네시아 도심을 벗어나 작은 화산섬으로 하이킹을 떠났다. 시골에서 조용한 생활을 하며 재충전하기 위해서였다. 한 사람도 눈에 띄지 않던 일상이 이어지던 중, 시골길 옆에서 물소로 논을 일구던 바스카라 현지인을 만났다. 인사를 주고받은 지 얼마 지나지 않아 그는 자신이 방문했던 40여 나라의 이야기를 들려주기 시작했다. 그렇다. 이 시골 농부는 내가 그 나이에 경험한 것보다 더 많은 세계를 둘러보았다. 전통적으로 바스카라 젊은이는 한곳에 정착해 농사를 짓기 전에 세계 각지를 여행하며 시간을 보낸다고 한다. 이 남자는 논과 물소를 화물선 일자리와 맞바꿔 러시아, 불가리아, 터키 등 수십 개 나라를 방문했다. 감히 꿈에서만 바라던 일이다.

그게 벌써 30년도 더 지난 이야기다. 세계는 그때보다 훨씬 더 촘촘히 연결되었다. 지구상 어느 곳이라도 이 도시의 공항을 거쳐 저 도시의 공항으로 48시간 안에 여행할 수 있다. 여전히 교통수단이 완벽하지 않은 곳도 있지만, 어떤 길이든 1세기 전 여행자들이 직면한 육로나 수로에 비해서 훨씬 덜 고되어 보인다.

예를 들어, 1910년 뉴욕과 잉글랜드를 잇는 이등실 증기선 요금은 약 50달러였다.[1] 현재 화폐가치로는 약 1,500달러(약 195만 원—역주)에 해당한다.[2] 가장 빠르게 대서양을 건너간 기록은 4.5일이다.[3] 지금은 금요일 퇴근 후에 런던으로 날아가서 풍경을 감상하고 다시 파리로 이동해 하루를 즐긴 후 심야 항공편으로 집에 돌아오면 월요일 아침에 회사로 복귀할 수 있다. 1910년에 증기선으로 리버풀 부두에 도착하는 것보다 시간도 돈도 훨씬 덜 든다.

새로 얻은 교통수단이 선교에 의미하는 바는 무엇일까? 미전도 종족이 사는 곳에 물리적으로 닿는 것은 더 이상 장기적 헌신을 당연하게 요구하지 않는다. 어떤 경우, 이동조차 필요하지 않다. 직접 가지 않고도 회의에 참석하고 관계를 발전시키고 프로젝트에 기여할 수 있다. 과학 기술의 발달에 따라, 그리스도인이 단기로 선교에 동참할 기회가 매우 늘어났다. 단기 선교가 장기 선교를 대체할 수 있다는 오해에 관해 물었을 때, 응답자의 절반 정도가 "상당히 일반적" 혹은 "거의 보편적"이라고 답했다. 절반 이상은 이런 인식이 북미 교회에 "꽤" 혹은 "매우 많이" 영향을 미친다고 응답했다. 교회 지도자 3분의 1과 현지 선교사 절반 가까이가 성도들의 선교 동참을 방해하는 상위 3가지 오해로 "이제는 단기 선교가 더 필요하다"를 꼽았다.

그렇다면 사실상 선교 과업을 위한 단기 여행은 지상명령과 어떻게 조화를 이룰 수 있을까? 단기로 더 많은 이들을 파송할 수 있는데, 장기 사역을 위해 문화의 경계를 넘는 사역자들을 파송하는 것이 여전히 전략적일까?

지난 수십 년 동안 단기 선교가 부상한 것은 틀림없다. 2012년 바나 연구에 의하면, 복음주의 그리스도인 중 23퍼센트가 단기 선교 여행에 참여한 적이 있다고 보고했다.[4] 프린스턴대학 로버트 워스너 교수는 미국 교회가 선교 예산 3분의 1을 단기 선교에 사용한다고 말했다.[5] 어떤 이들은 북미 교회가 매년 약 40억 달러(약 5조 2천억 원—역주)를 단기 선교 여행에 사용한다고 추정한다.[6] 단기 선교는 단순히 10대만을 위한 선교 프로그램은 아니다. 어느 연구에 의하면, 2014년 해외 자원봉사에 참여한 사람 중 절반 이상이 기혼 성인이었고, 절반 이상이 대졸자였으며, 3분의 1이 연봉 10만 달러(약 1억 3천만 원—역주) 이상을 버는

가정에 속했다.[7]

모든 단기 선교 경험이 동일한 결과를 낳지는 않는다. 단기 선교와 소셜 미디어의 급격한 성장이 자원 봉사 여행에 대한 반발을 촉발했다. 자원 봉사 여행이란 젊은이들이 섬기거나 배우려는 바람보다는 재미를 누리면서 좋은 일도 하는 것처럼 보이기 위해 떠나는 여행이다.

소망하건대, 사려 깊은 그리스도인이라면 그런 여행이 일반적으로 세계 선교에 유익하지 않다는 사실에 동의하면 좋겠다. 그러나 이번 장의 주 관심사는 단기 선교가 유익한지, 해를 끼치는지의 문제가 아니다. 단기 선교는 좋을 수도, 나쁠 수도 있기 때문이다.

> "나는 매년 고등부 단기 선교 팀을 받아줄 수 있냐는 질문을 받는다. 심지어 우리 지역 선교사들이 ISIS 테러리스트의 표적에 오르던 해에도 그랬다. 단기 선교 팀을 받는 마을은 더 어려운 미전도 마을에 대한 선교 집중력과 후원금을 앗아간다."
> _ 선교사

> "어느 교회의 외부 사역은 지역사회 봉사가 전부며, 성도들의 봉사를 훈련하는 도구로서 단기 선교를 다녀온다고 했다."
> _ 선교사

여기서의 논점은 단기 선교 여행 혹은 사실상의 일시적인 선교 경험이 장기 선교를 대체할 수 있느냐에 관한 것이다. 교회는 단기 선교에 집중함으로써, 선교사들을 장기로 파송하고 후원해서 이루는 만큼 혹은 그 이상의 영향력을 미전도 종족에게 미칠 수 있을까? 장기 선교사들이 미전도 종족에게 들어가 살면서 그들과 함께 지내며 여러 해를 보내는 사역은 여전히 유효하고 필요할까? 아니면 이제는 한 번에 몇 주씩 단기간으로 사역 팀을 파송함으로써 같은 결과를 성취하는 게 가능할까?

단기 선교와 장기 선교 사이에서

디자이어링갓(존 파이퍼가 운영하는 웹사이트―역주)의 어느 사설은 단기 선교에 관해 급진적인 한 주장을 했다. "선교는 미전도 종족에게 복음을 전하는 과정이다. 그것은 강도 높은 언어 훈련, 문화 연구, 관계 형성을 요구한다. 그러므로 단기 선교란 존재하지 않는다."[8] 달리 말하자면, '단기 선교'라는 용어가 모순어법이라는 것이다.

나는 단기 선교 대찬성론자이지만, 지상명령의 핵심은 제자화이며 그것은 장기적인 과정이라는 사실에 동의한다. 누군가가 주님과의 동행을 시작하거나 성장하도록 단기적인 틀 안에서 도와줄 수는 있다. 하지만 예수님께서 명령하신 모든 것을 몇 주 혹은 몇 달 안에 가르쳐 지키게 할 수는 없다. 아무리 뛰어난 은사와 재능을 가졌다 해도 통역관을 통해서는 불가능하다. 곧, 단기 선교 활동(그리고 다른 모든 사역 전략)은 하나님의 구원 계획이라는 장기적인 큰 그림과 연결해야 한다는 것을 의미한다.

신약 사역 모델의 핵심 원리는 삶에서 삶으로 전수되는 제자화다. 예수님은 3년 동안 제자들과 함께 사셨다. 여행하고 먹고 쉬며 논쟁하실 때, 말씀과 본으로 그들을 가르치셨다. 그러나 이것은 예수님께서 이미 30년을 들여 현지 언어와 문화를 습득하신 다음의 일이었다! 예수님께서 승천하신 이후 사도들은 결국 뿔뿔이 흩어졌고 대부분은 지상명령에 순종하다가 고향에서 멀리 떨어진 곳에서 험한 죽음을 맞이해야 했다. 주님을 필요로 하는 사람들에게 성육신으로 다가가는 사역보다 더 깊게 하나님의 사랑을 전달할 수 있는 방법은 없다. 다수의 문화, 어쩌면 모든 문화에서 우리는 말보다는 그 사람이 보여주는 본에서 삶의 변화와 행동에 관해 훨씬 더 많이 배운다. 사랑과 배움의 어떤 면들은 시간을 들여 모범을 따름으로만 습득된다. 마찬가지로 그리스도의 몸 안에서의 문화는 서로의 지속적인 접촉과 교류를 통해 가장 잘 배우고 익힐 수 있다.

사도 바울은 어떤가? 바울이 안디옥 교회의 파송을 받은 후, 한곳에 가장 길게 머물렀다는 기록은 감옥을 제외하고는 에베소에서의 2년이다. 바울은 끊임없이 이동했다. 그렇다면 그는 단기 선교사였을까? 우리는 바울이 로마 시민권자였고 자신이 목양하던 사람들의 언어를 능숙하게 구사했다는 사실을 기억해야 한다. 그는 복음을 받아들이는 자들이 어떤 형편에 처했는지를 아주 잘 안다는 장점을 가지고 있었다. 그 장점은 대개 현대의 단기 선교사들에게는 부족한 점이다. 바울의 여행은 어떤 면에서 문화의 경계를 넘은 게 틀림없지만(예를 들어 루스드라와 더베) 넓게 보면 다 로마 문화권과 헬라어권 안에 놓였다. 그는 아즈텍족이나 줄루족을 향해 사역한 게 아니었다. 이것이 바로 바울이 단기간에 중요한 영향력을 미칠 수 있던 이유다.

바울이 시간적 여유 없이 매우 촘촘하게 사역했음에도 불구하고, 그가 가르치고 훈련하는 강도 면에서 장기적인 사고방식을 가졌음을 분명하게 본다. 바울이 선교에 접근하는 방법은 '전심으로' 그리고 '평생

토록'이었다. 바울이 단기로 머물 때도 성육신 사역의 본질이 잘 드러 났다. 데살로니가에서 바울과 동역자들은 "아무에게도 폐를 끼치지 아 니하려고 밤낮으로 일하면서 … 하나님의 복음을 전하였"다(살전 2:9). 성도들은 바울이 "어떻게 거룩하고 옳고 흠 없이 행하였는지"를 가까 이서 관찰할 기회를 얻었고 그것이 그들을 굳건히 세워 박해를 견디게 했다(살전 2:10, 14-15).

바울의 장기적인 사고방식을 잘 드러내는 또 다른 표현은 그가 형성 한 깊은 관계다. 바울은 목양의 관계를 발전시켰는데, 그것이 교회와 이별할 때나 교회가 탈선할 때 그의 마음을 아프게 했다(행 20:17, 36-38; 21:12-13; 갈 4:19-20). 바울은 자신이 남기고 온 연약한 교회들을 굳건히 하기 위해 되돌아갔고, 사이사이 편지를 쓰고 대리인을 보냈다. 바울 이 항상 팀으로 사역했기 때문에 동역자들(아볼로, 브리스길라와 아굴라, 디모 데, 디도 등)은 장기적인 제자훈련 중 상당 부분을 해낼 수 있었다. 바울 은 띄엄띄엄 단절되는 단기 선교 여행이 아니라 여러 면에서 영향력을 끼치는 장기 사 역의 모범이다. 어떤 의미에서 그는 단기와 장기의 동력을 포함해서 두 세계의 최선을 겸비했다.

교회가 이미 뿌리를 내리긴 했으나 아직 복음이 종족 그룹에 스며들 만큼 견고하지는 않은 곳에서, 현지 성도들은 장기 선교사가

> "선교사와의 장기적인 관계 맺음 없이 그들의 필요를 올바르게 파악해서 적절한 행동을 취하기는 어렵다. 단기 선교는 보이는 것에 치중할 때가 많고, 섬김을 받는 자들이 아니라 섬기는 자들에 초점을 맞출 때가 많다."
> _ 선교사

와서 후원과 격려와 가르침을 제공하기를 여전히 요청한다. 장기 선교사는 파송 교회에도 복이 된다. 장기 선교사는 세계 곳곳에서 이루어지는 하나님의 위대한 일에 지역교회가 동참하도록 이끄는 통로이기 때문이다. 여전히 완수해야 할 개척 사역이 많다. 남은 미전도 종족이 주님을 예배하러 모이는 것을 보기 위해 전 세계 그리스도의 몸을 통한 지속적인 헌신이 요구된다. 제자화는 과정이지 이벤트가 아니다.

경쟁이 아닌 시너지를 내는 5가지 방법

선교의 핵심이 열방을 제자로 삼는 것이고, 제자를 삼는 일이 장기적 과정이라면 선교는 언제나 장기적인 사고방식에 영향을 받아야 한다. 하지만 단기 사역의 가치를 낮게 평가하려는 뜻은 아니다. 두 방법이 서로 경쟁할 필요는 없다. 우리는 청년부의 여름 단기 선교 비용을 모금할 수 있고, 타 문화권 장기 선교사를 재정적으로 후원할 수도 있다. 대학생을 파송해서 우리가 존경하고 후원하는 선교사들을 격려할 수 있고, 그들이 현지에서 배우도록 한다면 더욱 좋다. 단기 선교 경험은 (직접 방문이든 가상 방문이든) 장기 제자화 사역을 대체할 수는 없지만, 장기 선교 전략의 가치 있는 일부다.

파이오니어에서는 문화의 경계를 넘는 장기 제자화 사역에 집중한다. 그 중대한 목표의 일부로서, 우리는 많은 학생과 청년들을 위해 단기 선교 여행을 준비한다. 또한 전문인들을 위해 특별히 고안된 방법도 마련해, 그들이 전문 기술과 지식을 사용해서 단기적인 틀 안에서 세계 선교에 기여하도록 돕는다. 이런 프로그램들은 합력하며 지상명령을 지지한다. 자원이나 관심을 놓고 서로 경쟁하지 않는다.

단기 사역을 개인의 삶과 교회에 포함시키는 방법과 이유를 생각하다 보면, 적절한 우선순위의 필요성을 알게 된다. 어떤 교회는 단기 선교를 핵심 전략으로 삼고 꼭 필요한 경우에만 장기 선교사를 파송한다. 나는 우리의 핵심 전략이 장기적인 성육신 사역이어야 하고 그것은 단기 선교 여행, 동역자를 위한 전략적 모금, 실제 참여 등과 같은 보완책에 의해 강화되고 개선되어야 한다고 제안한다. 하나의 공통 목표인 하나님의 영광을 위해 땅의 모든 민족에서 순종하는 제자들을 만드는 일에 도달하려면 전략의 다양성이 필요하다. 단기 선교가 문화의 경계를 넘는 장기적인 제자화를 도우며 영감을 불어넣을 방법, 이 둘이 경쟁이 아닌 시너지를 낼 방법을 살펴보자.

> "한때 우리 교회는 한 해 70-80여 차례 단기 선교에 2천 명 가까이 파송했다. 반면, 장기 선교사는 그에 비례하는 만큼 파송하지 않았다. 때로 단기 선교의 성공이 장기적 참여를 방해한다."
> _ 교회 지도자

선교지 선교지에 간 지 얼마 되지 않았을 때, 아내 알린은 도시의 빈민을 돕기 위해 퀼트 사업을 시작했다. 일자리를 찾는 사람들은 점점 더 몰려드는데, 알린은 이 일이 완전히 능력 밖 영역임을 깨달았다. 사실 알린은 직접 퀼트를 해본 경험도 없었다. 우리는 이러한 상황을 공지했고, 머지않아 퀼트 분야의 수상 경력을 지닌 전문가 린다가 자비를 들여 콜로라도에서 인도네시아로 왔다. 2주간 바느질 인력을 훈련하기 위해서다. 린다가 돌아간 후에는 그 바느질꾼들이 다른 많은 사람을 계속해서 훈련했다. 이 프로젝트는 400명의 일자리를 생성했고 시장성 있는 기술과 안정적인 수입원을 제공했다. 복음의 확장을 위한 길을 닦은 것은 물론이다. 린다는 비록 사역에 단기적으로 헌신했을 뿐이지만 전문 지식과 섬김 덕분에 이후 수십 년에 걸쳐 그 영적 열매를 맺었다. 동시에 알린은 여전히 현장에 남았다. 시간과 지식을 내어 준 린다 덕분에 열악한 현지에서 시간의 테스트를 견뎌낼 수 있었다. 이 흥미진진한 이야기는 알린의 책 『실』에 자세히 언급했다.⁹

후원자와 기도 동역자의 방문은 지친 선교사에게 진정한 격려가 될 수 있다. 바울도 빌립보 교회가 로마 감옥에 갇힌 그를 위해 에바브로디도를 통해 필요를 돌보았을 때 그러한 유익을 경험했다. 에바브로디도에게 단기 선교는 이국적인 휴가가 아니었다. 바울은 에바브로디도가 바울의 사역을 돕기 위해 목숨까지 걸었다고 말한다(빌 2:25-30). 또한 바울은 새로운 교회 혹은 갈등을 겪는 교회에 동료들을 파송해서 단기간 방문하게 했다. 예를 들어 두기고는 바울의 권고가 담긴 서신을 에베소와 골로새교회에 전달했다(엡 6:21-22; 골 4:7-8). 특수한 단기 사역을 수행하는 선교 중심적인 성도들과 선교사 사이의 시너지를 보여주는 좋은 예다.

참여자 단기 선교 여행이 세계 선교에 기여하는 또 하나의 방식은 참여자들에게 미친 영향력이다. 바나 연구에 의하면 "여행자 4분의 3은 그 경험이 어떻게든 자기의 인생을 변화시켰다"라고 전한다.[10] 바나 설문조사 응답자들은 선교 여행 덕분에 타인의 몸부림, 빈곤, 불의 등을 더 잘 인지하게 되었고 긍휼, 믿음, 영적 이해, 재정적 베풂에서 한층 성장했다고 밝혔다. 잘 고안된 단기 선교 경험은 하나님께서 미전도 종족 가운데 무엇을 하시는지 보다 효과적으로 느끼게 해주는 방법이다. 어디에 사는지 지도에서 발견할 수 없고, 어떻게 사는지 상상할 수 없는 사람들을 위해 기도하고 섬기기란 어렵다.

미전도 종족에 관한 통계를 읽는 일은 교회도, 성도도, 복음도 맞닿을 수 없는 마을을 지나고, 또 지나고, 또 지나는 일과 절대 같을 수 없다. 그러나 단기 선교를 통해 교회의 지도자, 성도, 심지어 10대까지도 미전도 종족을 향한 하나님의 마음을 보고 만지고 느끼고 함께 호흡할 수 있다. 뿐만 아니라 자신의 나라로 돌아가 선교를 향한 비전을 새롭게 할 수 있다.

어느 단기 선교 참가자는 5년이 넘도록 미전도 종족 그룹을 위해 기도하다가 그녀의 교회가 후원하는 선교지를 방문할 기회를 마련했다. "제가 그동안 기도해 온 사람들을 만난다니 정말 기대하고 있어요"라고 그녀가 말했다. "사진을 보고 소식을 듣곤 했지만 실제로 거기에 가는 일은 다른 경험일 거예요." 그녀는 기도 시각을 알리는 소리에 잠에서 깨고, 오토바이 뒷자리에 앉아 시내를 돌고, 재래시장에서 물건을 사고, 현지인 가정을 방문했다. "저는 그 경험 속에 있으려고 오감을 사용했어요. 오토바이를 타면서 손을 땅으로 뻗어 그 도시를 위해 기도했어요. 제 기도가 그곳에 교회의 초석을 놓는 듯한 느낌이 들었어요." 집으로 돌아온 후, 그녀는 자신의 기도와 헌금에 대해 더 깊은 의미를 발견했다.

교회 세계 다른 지역 사람들이 어떻게 사는지, 일하는지, 예배하는지를 보는 것은 지상명령의 광대함과 세계 교회의 아름다운 다양성에 관한 시야를 넓힌다. 하나님은 단기 선교를 통해 사람들을 바꾸신다. 그리고 그들을 사용하셔서 교회를 바꾸신다. 단기 선교 여행을 다녀온 성도들은 대개 열정과 간증을 가득 품은 채 돌아오기 때문에, 교회 전체가 그들이 후원하는 선교 활동에 더 열심을 품게 만들고 더 잘 알도록 이끈다. 교회는 더 간절히 기도하고 더 풍성히 헌금하며 교회의 성도를 선교사로 파송할 수도 있다. 추수할 밭을 거닐고 온 후에는 단순히 귀로 들었을 때보다 훨씬 더 선교에 참여하기가 쉬워진다.

> "세계 교회를 위해서 선교지에 대사를 파송하는 일은 언제나 유익하다."
> _ 선교사

장기 선교 동원 단기 선교 여행은 평생토록 선교에 참여하게 만들고, 열방의 제자화를 위한 그리스도의 몸에 더 많은 자원을 투자하게 만드는 강력한 촉매제다. 효과적인 선교 여행은 타 문화를 향한 제자훈련과 교회 개척의 필요성을 부각하고 여행자들이 선교의 장기적 영향에 대해 숙고하도록 도전한다. 선교지에 방문한 사람들은 이전에는 결코 몰랐던 필요와 기회를 본다. 많은 선교사에 의하면, 단기 선교 경험은 그들이 장기 사역자로 헌신하는 중요한 요인으로 작동한다. 파이오니어 단기 선교 프로그램에 참여하고 돌아온 사람 중 20퍼센트가 장기 사역자로 헌신한다. 타 단체로 들어간 인원은 포함하지 않은 통계다. 중기(3개월부터 1년까지) 사역에 지원한 사람 중에는 64퍼센트가 추후 장기 사역자로 동역한다. 파이오니어 장기 사역자 대부분이 그를 위한 준비로써 수많은 단기 선교 여행을 다녀왔다. 하나님께서 단기 선교 여행을 사용하시는 게 틀림없다.

단기 선교 여행은 선교지의 생활이 적어도 어느 특정 지역에서는 어떤지를 현실적으로 예상하게 해준다. 어느 선교사는 2개월의 단기 선교 경험이 장기 사역 이해에 얼마나 도움이 되었는지를 회고하며 이렇게 설명했다. "나는 육체의 불편함은 영광스러운 희생이라는 것, 그리고 선교 현장에 갔다고 해서 나의 죄가 갑자기 소멸되지 않는다는 것, 그리고 많은 나날이 외롭고 따분하다는 것을 깨달았다. 하나님은 내가 현실을 마주하도록 준비시키고 계셨다!"

> "나는 단기 선교에 감사한다. 그것이 장기 선교에 대한 마음을 일으켰기 때문이다."
> _ 교회 지도자

교회 리더십 목회자와 장로는 그들이 목양하는 교회의 문화와 계획에 지대한 영향을 미친다. 불행히도 어떤 교회는 리더십의 지원이 없는 상태에서 성도들이 선교에 헌신하기 위해 고군분투한다. 단기 선교 여행은 목회자와 장로가 지역사회 사역의 분주함과 도전들로부터 눈을 들어 세계 선교의 추수 현장을 바라보도록 돕는다. 선교 중심적인 교회는 대개 중견 리더십이 탄탄하다는 복을 누린다. 그들은 선교 비전을 따를 뿐만 아니라 강단에서 정기적으로 선포한다. 지상명령의 가치관을 성도의 삶과 가르침에 융합하려고 활발히 노력한다.

> "많은 교회가 장기 선교사 파송에 대한 노력 없이 단기 선교에만 집중한다. 이는 교회 지도자들의 선교에 대한 이해 부족 때문이다. 이 문제는 더 많은 교회 지도자를 선교 현장에 방문하게 함으로 해결할 수 있다."
> _ 선교사

교회 지도자들이 선교지에 와서 현지 교회의 필요와 상황을 마주하면 선교에 훨씬 더 동참하는 결과를 낳는다. 일회성의 경이로운 경험이 아니라 잘 준비된 사려 깊은 선교 여행에 정기적으로 참여할 때 더욱 그렇다. 나는 담임목사의 직무에 '적어도 2년마다 해외 선교지 방문'을 포함하자고 모든 당회에 제안한다. 이로써 교회의 선교에 대한 열정과 비전을 자극할 것이고 다음의 옛 진리를 상기시킬 것이다.

"교구는 … 당신의 현장이 아님을 기억하라. 당신의 현장은 세계다. 교구는 세계라는 현장에 도달하도록 훈련하라고 맡기신 것이다."[11]

헌신적인 그리스도인이 제한된 시간 안에 세계 선교에 기여할 방법은 많다. 이국적인 지역에서 휴가를 보내면서도 지상명령에 기여하는 일도 가능하다. 당신은 어디에서든 신앙을 간증할 수 있지 않은가. 어떤 나라의 사람들은 관광업을 운영하다가 선교에 관심 있는 성도들이 휴가를 예약할 때 미전도 종족을 방문하도록 돕는다. 어떤 성도들은 장기 선교보다 더욱 전략적이고 집약적인 단기 선교를 통해 복음의 영향력을 확대할 수 있다. 여기서 핵심 단어는 '전략'이다.

알린과 나는 인도네시아에서 보낸 첫 몇 주 동안 9명의 대학생으로 구성된 단기 팀을 받았다. 당시 참여한 청년들은 그때의 경험으로 삶이 변했다. 그들은 현지인 가족과 함께 지내며 단기간에 매우 친밀해졌다. 여름이 끝날 무렵, 그들을 배웅하기 위해 70여 명의 사람들이 기차역에 나왔다. 알린과 나는 학생들이 떠난 후에도 도움을 받았다. 일부 단기 참가자 학생들과 그들의 파송교회는 인도네시아 교회와 장기적인 동역 관계를 맺으며 복을 누렸다. 파송교회는 청년들이 품고 돌아온 열정과 미전도 종족을 향한 애틋함으로 가득했다.

한 여학생은 인도네시아에 9개월을 더 머물러도 되는지 물었다. 우리는 교회가 축복해야 한다는 조건으로 동의했다. 학생의 선교 담당 목사에게 사역 기회와 상황을 설명하자, 학기 내내 머물러도 좋다고 허락했고 교회도 후원을 결정했다. 그 해 연말, 그녀는 재점검을 위해 고향으로 돌아갔고, 이후 성경 석사학위를 취득해 다시 왔다. 35년이 지난 지금도 그녀는 인도네시아에 머무르며 현지 형제와 결혼해 가정도 사역도 잘 꾸려가고 있다. 그 첫 단기 팀 9명의 학생 중 다른

> "단기 선교 여행은 우리가 성취해야 할 선교에 대한 열정을 북돋울 수 있다. 또한 문화의 경계를 넘는 사역과 연관된 모든 것에 감탄하도록 만든다."
> _ 선교사

2명도 인도네시아에서 수년 동안 풍성히 사역했다. 이러한 경험을 토대로 단기 선교가 지상명령에 긍정적으로 기여할 수 있음을 안다. 하지만 단기 선교에 유익이 있다고 해서 그것이 우리가 완수해야 할 장기 사역을 대체하는 것은 아니다.

단기 선교가 경계해야 할 4가지 태도

시너지를 낼 만한 엄청난 잠재력에도 불구하고, 단기 선교 여행은 잘못된 길로 빠질 가능성이 있다. 의도가 아무리 선하다 해도 말이다. 많은 현지 사역자는 단기 선교에서 경계해야 할 점을 경험으로 터득했다. 단기 선교 팀은 건축에 대해 잘 아는 현지인을 고용하는 대신, 그들의 10대들을 프로젝트에 참여시키는 실수를 범한다. 통역관을 거쳐 문화적으로 이해가 부족한 방식으로 복음을 제시해서 현지인을 불편하게 만든다. 또 자원과 인력을 앗아가는 청년들의 단기 선교 여행으로 장기 사역이 위축되기도 한다. 섣불리 계획한 단기 선교 여행은 수혜자와 시혜자 사이 불필요한 고정관념을 강화하기도 한다.

어느 인도네시아 교회 지도자는 미국의 젊

> "후원교회에서 열린 선교주일 행사에 해외 선교사는 우리뿐이었다. 우리에게는 발제 기회가 주어지지 않았다. 우리는 청중 가운데 앉아 그 교회 청년들이 우리가 사역하는 나라에서 경험하고 온 일주일 치 이야기를 경청할 뿐이었다."
> _선교사

은 단기 선교 여행자들을 관찰하고는 나에게 그들을 파송하기 위해 교회가 얼마를 지출하는지 물었다. 그러고는 그 재정으로 현지 일꾼들이 얼마나 더 많이 채용되고 도움을 받겠느냐며 의아해했다.

단기 선교와 관련된 부정적인 경험은 대개 부실한 계획, 그릇된 동기, 참여자의 미성숙에 따른 결과다. 하지만 단기 선교 여행이 간혹 부정적인 방향으로 흐를 때가 있다는 이유로 포기하지는 말자. 장기적인 전략과 우선순위 안에서 단기 선교를 수행할 때 발현되는 긍정적인 영향을 적극적으로 기억해야 한다. 그 유익은 시너지에서 나온다. 단기 선교 경험이 부정적이라면, 그것은 언제나 단기 선교가 장기적인 사고방식에서 분리되었기 때문이다. 위험은 분리에서 온다. 단순화된 시간 틀이 아니다.

체크리스트가 끝이 아니다 단기 선교 여행이 장기 선교 관점과 분리된다면 우리는 선교를 위해 나의 몫을 다했고, 이제는 더 참여하지 않아도 좋다고 믿게 된다. 만약 2주 동안 덥고 가난한 지역에 간다면, 목록을 작성해서 체크리스트에 표시할 것이다. 그런 태도는 지상명령의 광범위하고 세계적이며 전 세대를 아우르는 특징을 축소시킨다. '선교 예방접종'이야말로 매우 위험하다. 선교지에 대한 작은 노출이 더 온전하고 풍성하게 참여하려는 열망을 마비시킨다. 열방을 제자 삼으라는 주님의 명령은 몇 주의 노력만으로 충족될 수 없다. 날씨가 아무리 뜨거웠든, 그들이 얼마나 가난했든, 우리가 그곳에서 어떤 음식을 먹었든 말이다. 예수님께서 다시 오시거나 우리를 본향으로 부르시기 전에는, 우리 중 누구도 선교를 끝낼 수 없다.

잘못된 낙관주의를 경계하라 단기 선교 여행 특히 공동체로 오는 단기 선교 여행은, 대개 미리 계획하고 조직하고 준비하기 마련이다. 장기적인 사고방식을 지니지 않은 방문자들은 음식, 주거, 교통수단, 통역 등이 사전에 준비된 경우 실제보다 선교지를 더 잘 이해했다고 생각한다. 이 일을 위해 선교사와 현지 안내인들이 얼마나 많은 수고를 쏟았는지 인지하지 못한다. 이러한 단기 선교 여행은 별다른 훈련이나 언어 능력, 문화적 이해 없이 짧은 기간 안에 얼마나 많은 것을 성취했는지에 대해 잘못된 낙관주의를 심어줄 수 있다. 교회는 의아하게 여길지 모른다. "우리 대학생들이 봄 방학 동안 온두라스에서 10여 명을 그리스도께 인도했다면, 왜 장기 선교사들은 우즈베키스탄에서 5년 동안 다섯 손가락에 꼽을 만큼의 회심자만 얻은 거지?"

> "나는 대부분의 단기 선교사가 자신들이 할 수 있는 선한 일에 대해서는 과장된 견해를, 그들이 끼칠 수 있는 잠재적 해악에 대해서는 축소된 이해를 지니고 있음을 발견했다."
> _교회 지도자

우선순위를 정렬하라 단기 선교의 많은 유익은 여행자의 영적 성장과 관련된다. 방문자들이 선교사와 현지 교회에 큰 도움이 될 수 있고, 일부는 미전도 종족의 복음화에 의미 있는 기여를 하기도 한다. 하지만 제일 큰 가치는 여행자들을 변화시키는 데 있다. 그것은 충분히 유익한 일이지만, 선교 여행의 목적에 대해 현실적인 질문을 던져야 한다. 불완전 고용 페인트공이 많은 나라의 학교에 가서 단기 선교 참가자들이 페인트를 칠하면서 마치 필수적인 역할을 담당했다고 생각하지는 말자. 청소년 그룹을 선교 여행에 보내는 건 좋다. 그런데 그 주된 목적이 잃어버린 영혼과 결핍을 향한 하나님의 마음에 그들을 노출시키려는 의도라면 참여하는 청소년들과 후원자들, 그리고 그들을 받는 선교사 모두 그 목적을 이해하고 지지해야 한다는 사실을 분명히 해두자.

선교 여행을 계획할 때는 파송교회, 여행자, 주최자, 맞이하는 공동체에 미칠 영향을 고려해야 한다. 어떤 선교 여행이든 그 모두를 반드시 고려하고 배려해야 한다. 그것이 장기적인 사고방식으로 단기 선교에 접근하는 방법이다. 바로 우선순위 정렬의 문제다.

> "교회들이 더 이상 선교사를 파송할 필요가 없다고 말하는 것이 아니다. 그저 성도들이 직접 가서 참여할 수 있는 곳에 우선적으로 지원하는 게 문제다."
> _ 선교사

집중을 흩트리지 않게 하라 현장 선교사에게 단기 선교 여행은 집중력을 흩트리는 일일 수 있다. 미전도 종족 사역에서 멀어지게 만들기도 한다. 대런 칼슨은 단기 선교 여행이 현장 선교사와 공동체에 어떻게 이해되는지를 다음과 같이 설명했다.

"프랑스의 한 팀이 당신의 교회에 전화해서 방문을 요청한다고 상상해보

라. 그들은 여름성경학교(당신이 몇 해에 걸쳐 이미 끝낸 것)를 개최하기 원하는데, 그들이 준비한 자료는 프랑스어다. 그들은 다른 교회가 어떻게 버둥거렸는지 들었다며 자신들이 바로잡는 걸 도와주겠다고 말한다. 그들은 20명을 보내고 싶어 하는데 그중 절반은 청소년이다. 20명의 인원 중 2명만 영어를 할 줄 안다. 그들은 무료 숙박과 저렴한 음식과 따뜻한 샤워가 가능한 곳을 찾는다. 선교 여행이 진행되는 동안, 그 그룹의 에너지 중 절반은 팀 구성원 간의 긴장감을 해소시키는 데 사용할 예정이다. 2명은 아플 예정이다. 그들의 휴일에는 당신이 관광 코스를 짜주길 바란다. 당신은 그 팀이 오길 바라는가?"[12]

선교지의 방문자들이 현장에서 그들의 동역자들과 시간과 활동을 조율하는 일은 중요하다. 그래야 선교 여행이 탈진이 아닌 복이 된다. 인도네시아에 있는 우리 팀은 단기 선교 여행을 많이 주최했다. 선교 여행을 사역의 전략적 일부로 보았기 때문이다. 단기 선교 여행이 늘어남에 따라, 우리는 결국 팀원 1명을 세워서 단기 선교를 원활하게 하는 일에 집중하게 했다. 그녀는 방문자와 선교 사역의 유익을 극대화하도록 여행을 관리하는 패턴을 개발했다.

이러한 시도는 우리에게는 가치 있는 방식이었지만, 모든 팀이 그만큼의 시간과 에너지를 손님을 맞이하는 데 쓸 수는 없을 것이다. 단기 선교 경험은 많은 그리스도인에게 세계 선교를 소개하는 도구다. 성도라면 누구나 단기로 직접 참여함으로써 위대한 사명을 위해 자신의 은

사와 재능을 사용할 방법을 찾을 수 있다. 장기 선교 현장을 섬길 기회를 가져보지 못한 많은 그리스도인이 자신이 기도하는 선교사, 후원하는 사역, 문화의 경계를 넘는 복음 사역자를 필요로 하는 종족을 방문함으로써 복과 도전과 영감을 받는다. 그리고 많은 사람이 디지털 기술과 가상의 소통을 통해 변화를 만들어낸다. 지혜롭게 진행한다면 단기 선교는 중요한 (대체가 아닌) 보완 작업으로서 미전도 종족 안에 성육신적으로 존재하게 한다.

핵심 정리

> 과학 기술과 교통 수단 발전에 비추어 볼 때, 단기 선교를 지상명령 수행을 위한 전략으로 삼는 것은 중요하다. 엄밀히 말하면 단기 선교란 존재하지 않는다고 주장하는 한 저자조차 "교회의 자원은 선교사들을 후원하는 한 가지 방법으로서 단기 선교 여행에 투자해야 한다"라고 확증한다. 비록 그가 단기 선교를 '분리된 선교 전략'으로 인정하지 않지만 말이다.[13]
>
> 선교에 관한 중요한 논의가 다 그렇듯이, 이분법적 사고란 없다. 단기와 장기 사이에서 선택할 필요가 없다. 단기 선교 여행을 잘 해내는 데 전념하자. 현장의 필요와 맞닿은 분명한 목표가 있음을 기억하자. 선교는 단기적인 목적으로도 언제나 하나님의 영광과 미전도 종족을 위한 것이어야 한다. 여행자의 유익만을 위한 선교 여행이어서는 안 된다. 현지 선교사와 선교지의 시간과 자원 부담을 최소화하기 위해 열심히 사역하자. 단기 선교

도 장기적으로 사고하자. 선교지에서의 시간과 고향에 돌아갔을 때 교회 공동체에서의 시간 둘 다에 영향을 끼치게 하자. 이것은 단순한 여행이 아니다. 인생 일부를 하나님의 구원 계획에 투자하는 일이다.

지상명령이라는 큰 그림은 장기적이고 세계적인 제자화를 요구한다. 이 국땅에 발을 딛든 그렇지 않든 선교는 모든 성도에게 평생에 걸친 모험이다. 단기 선교 여행은 세계 교회가 지상명령을 성취하기 위해 소유한 중요한 도구다. 최전방을 살짝 들여다보는 것만으로도 하나님의 구원 계획을 더욱 경외하게 된다. 하나님께서 특별한 상황에서 어떻게 일하시는지를 더욱 잘 알게 한다. 하나님께서 땅의 모든 종족 그룹으로부터 그분으로 인해 영광을 받으셔야 한다는 열정에 더욱 사로잡히게 한다.

▸ 토론을 위한 질문

1. 당신이 직접 참여했거나 관찰한 단기 선교 여행의 유익은 무엇인가?

2. 단기 선교 여행과 관련해 당신이 발견한 문제점이나 실수는 무엇인가?

3. 장기적인 관점의 사고방식은 단기 선교에 어떻게 영향을 미치는가?

4. 단기 선교 여행을 통해 세계 선교에 어떻게 기여할 수 있을까?

Is The Commission Still Great?

선교사는 독특하고 희귀하고 거룩한 사람이라는 오해

예수님은 제자들에게 세 가지를 약속하셨다.
온전히 두려움이 없을 것이며, 말도 안 되게 행복할 것이며,
끝없는 고난 가운데 있을 것이라고.

_ 윌리엄 바클레이

> 오해 5. 선교는 몇몇 독특한 사람들만을 위한 것이다. 선교사는 고향을 배경으로는 부적응자이거나 현실 세계를 떠난 '슈퍼 크리스천'이거나 둘 중 하나다.

영어 단어 '별난'(eccentric)은 헬라어 '에크'(*ek*, ~의 밖에)와 '켄트론'(*kentron*, 중심)에서 왔다. 하나님의 백성은 그들을 지켜보는 세상의 시선에서는 언제나 '중심에서 벗어난' 것처럼 보인다. 코페르니쿠스의 영적 버전처럼, 이 땅에서의 활동은 성자(the Son) 중심의 궤도를 도는 것이지 그 반

대는 아니라고 주장한다. 하나님의 목적을 삶의 중심에 두고 자신의 이익은 주변에 두는 그리스도인들은 참으로 이상해 보이지만, 하나님은 이러한 사람들을 통해 그분의 영광을 드러내시고 세상을 변화시키기를 기뻐하신다.

모든 헌신적인 그리스도인이 일반적으로 가진 이 '특이한' 모습 외에도, 어떤 이들은 종종 교회 안에서조차 아주 이상해 보인다. 바로 선교사들이다. 그들은 언뜻 보기엔 이해가 가지 않는다. 왜 굳이 스스로의 경력을 위태롭게 만드는지, 왜 굳이 사랑하는 이들을 떠나는지, 왜 굳이 머나먼 땅에서 달성하기 어려운 과업을 위해 건강과 안전을 위험에 빠뜨리는지 말이다.

나는 수많은 선교사와 함께 일한다. 그들은 정말이지 특이하고 독특한 집단이다. 하지만 선교사들의 생활은 우리가 생각하는 것만큼 이국적이지 않다. 사람들은 사파리 복장을 하고 챙 모자를 쓴 중년의 백인 부부가 소총이나 신비로운 과일을 들고 미간을 찌푸리며 카메라를 응시하는 모습을 상상할 것이다. 그러나 그것은 현대 선교사의 모습이 아니다.

선교사는 세계 각지에서 온다. 당신은 메이저 항공사의 조종석에서, 최고 대학의 강의실에서, 도심 속 고층빌딩의 회의실에서 온 그들을 찾을 수 있다. 어떤 선교사는 성경 교사, 통역사, 복음 전도자다. 반면 어떤 선교사는 엔지니어, 의사, 농부, 과학자, 기업인이다. 많은 선교사가 전문직을 가졌고, 선교 현장에서 그 직업을 유지하는 사람도 있다. 또한 선교사는 이제 더이상 파송국으로부터 단절되지 않는다. 매년 혹은 2년에 1차례씩 짧게 고향에 방문하는 이도 많다. 그들은 스포츠 경기 결과, 과학 기술, 트렌드, 패션에 관한 최신 정보를 파악한다. 전통적으로 선교사의 삶이라고 여기던 여러 가지 면이 더 이상 주류가 아니다. 많은 일반적인 선교사들이 여행을 가기도 하고 이국적인 음식을 먹고 자녀를 홈스쿨링 한다. 하지만 선교사는 좀 다른 세계의 사람인 것 같다는 오해가 여전하다.

"선교사는 거룩하고 희귀하고 특이하다"라는 오해는 널리 퍼진 정도와 그 영향력 면에서 평균 이상을 얻은 상위 세 응답 중 하나다. "선교사는 괴짜 혹은 초특급 성도 중 하나일 것이다"라는 생각에 대해 응답자의 80퍼센트 이상이 "상당히 일반적"이라고 답했다. 8퍼센트는 "거의 보편적"이라고 표시했다. 응답 중 90퍼센트가 그 오해는 북미 교회 안에서 선교 참여에 영향을 미친다고 말했다. 현장에서 사역하는 선교사는 교회 지도자, 교회 평신도, 파송 단체 직원에 비해 이 오해의 널리 퍼진 정도에 더 높은 점수를 주었다.

이것이 선교에서 의미하는 바가 무엇일까? 나는 선교사가 교회의 지상명령 수행에서 독특한 역할을 담당한다고 주장했고, 모든 성도가 선교사라는 인식에 반대했다. 그러나 그것이 곧 선교사가 완전히 다른 범주의 그리스도인이라는 의미일까? 선교사는 공감 불가능한 희귀한 소명을 받은 자일까? 만약 그들이 더 이상 예전만큼 특이하지 않다면, 그런데도 그들은 남달리 거룩할까?

하나님의 부적응자들

선교사는 예전처럼 신기하거나 불협화음을 내는 존재가 아니지만 언제나 좀 독특하다. 하나님은 그분의 사역을 위해 예상 밖 인물을 선택하는 경향이 있으시다. 하나님은 "세상의 미련한 것들을 택하사 지혜 있는 자들을 부끄럽게 하려 하시고 세상의 약한 것들을 택하사 강한 것들을 부끄럽게 하려 하시며 … 세상의 천한 것들과 멸시받는 것들과 없는 것들을 택하사 있는 것들을 폐하려 하시나니 이는 아무 육체도 하나님 앞에서 자랑하지 못하게 하려" 하신다(고전 1:27-29).

이웃이 비웃고 주민자치회가 몇 번이나 위반 통지를 보내는데도 오래도록 거대한 배를 짓는 노아가 당신에겐 정상으로 보이는가? 형제 중 가장 가능성이 낮은 다윗을 선택하신 하나님은 사무엘도 놀라게 하셨다. 구약성경에는 요나처럼 참으로 다양한 색깔을 가진 선지자들이 등장한다. 그는 앗수르에 파송된 다루기 까다로운 하나님의 특사였다. 성급한 갈릴리 어부 베드로는 어떠하며, 학문적으로는 엘리트요 기독교와 관련해서는 원수와도 같던 다소의 사울은 어떠한가? 두 인물 다 교회의 기둥이 되었다. 하나님은 괴짜들을 많이 만드셨고, 그중 일부에게 하나님의 영광을 위해 특별 임무를 맡으라고 부르신다. 그중 하나가 선교사다.

수년 전 나는 역동적으로 성장하던 미국 교회의 장로들과 조찬 모임을 가졌다. 그들은 자원봉사라는 목적으로 무슬림 종족에게 2명의 여성을 파송한 상태였고, 나는 그 지역을 방문할 기회에 그들을 만났다. 중책을 맡은 장로들은 "가서 그들을 취하라"의 미국적 확신과 비전으로 가득 차 있었다. 베이글과 커피를 리필하던 어느 시점에, 그들은 미혼 여성을 선교사로 파송한 게 잘한 일인지 모르겠다며 불안감을 내비쳤다. 그들이 정확히 이 단어를 사용한 것은 아닌데, 그들의 질문은 본질적으로 이렇게 들렸다. "우리처럼 장로 자격을 갖춘, 능력이 출중한 사람을 파송해야 하는 것 아닐까요?"

그 순간 내 머릿속을 스친 생각은 이랬다. '그 여성들이야말로 여러분이 파송해야 할 바로 그 사람입니다. 당신이라면 삽시간에 일을 망쳐버릴 거고 아마도 그 과정에서 많은 해를 입히겠지요.' 우리 팀이 섬기는 고맥락 문화(전달하고자 하는 내용을 암묵적으로 알고 있으리라 전제하거나 비언어적 상황을 통해 전달하는 문화—역주)에 상대적으로 민감한 종족 그룹에서 교회 지도자들의 공격적인 자세는 잘 통하지 않는다. 반면 그들이 파송한 여성은 많은 사랑을 받았고 놀라운 일을 해냈다. 선교지에 좋은 사람을 파송하기만 하면 되는 게 아니다. 적합한 사람을 파송해야 한다. 모든 효율적인 교회 지도자가 효율적인 선교사가 되는 건 아니다(물론 그 반대도 마찬가지다).

하나님은 신비로운 선택 과정을 갖고 계시지만, 선교사는 본질상 서로 다른 북소리에 맞춰 행진하는 사람들에게 호소할 때가 많다. '정상'이라는 단어는 다수에 의해 정의되고, 그 다수의 그리스도인은 가보지 않은 곳에서 만나보지 않은 사람들을 복음화하기 위해 세계를 돌아다니는 데 별 관심이 없다. 오히려 아메리칸드림이 더 설득력이 있는 것처럼 보인다. 그러나 선교사는 다른 기준을 갖는 경향이 있다.

알린과 나는 20대 초반에 첫 선교지로 향했다. 떠나기 전 우리는 더 많은 사역자를 동원하고 재정 후원을 받기 위해 어느 교회를 방문했다. 한 젊은 부부가 예배 후에 점심을 대접했고 우리는 그 집에서 즐거운 오후를 보냈다. 하지만 수년이 지난 지금도, 나는 그들과 우리가 전혀 다른 세계에 살고 있다는 느낌을 분명히 기억한다. 그들은 승진과 주거 환경 개선을 고대하고 있었다. 알린과 나는 인도네시아로 떠나기 위해 네 개의 여행 가방을 싸고 있었고 그곳의 주립 대학에서 공부하기 위해 매월 200달러의 장학금을 보장받은 상태였다. 그들은 훌륭한 사람들이었지만 우리는 서로 공감대를 찾기 위해 애써야 했다. 알린과 나는 아직 미국 땅을 떠나지 않은 상태였지만, 그 집에서만큼은 이미 문화의 경계를 넘은 것 같았다.

1932년에 영국의 한 하녀였던 글래디스 에일워드는 당시 주변과 조화를 이루는 데서는 대체로 벗어난 인물이었다. 사람들은 스물여덟 살이던 그녀를 선교사가 되기엔 나이가 너무 많다고 여겼다. 선교위원회에 지원서를 냈지만 수습 기간을 거치면서 학문적 감각이 부족하다는 이유로 거절당했다. 학습 능력이 떨어진다는 사유일 가능성이 높다. 중국에 가기로 결심한 글래디스는 시베리아 횡단 열차 티켓을 구하기 위해 돈을 모았고 홀로 전쟁 지역을 뚫고 갔다. 이후 17년 동안, 그녀는 중국 시민으로 살았다. 전족 폐지를 옹호했으며, 2차 중일전쟁의 공포 속에서 100명 이상의 어린이를 돌보았다. 놀라운 여정을 반추하며, 그녀는 다음과 같은 말을 남겼다.

"나는 하나님께서 중국을 위해 첫 번째로 선택하신 인물은 아니었습니다. 그가 누구였는지는 저도 모릅니다. 분명히 남자였을 거예요. 교육을 잘 받은 남자요. 무슨 일이 일어났는지 저는 모릅니다. 어쩌면 그가 원하지 않았을지도 모르고요. 하나님은 시선을 아래로 돌리셨죠. 그러고는 글래디스 에일워드를 보신 겁니다."[1]

하나님은 독특한 사람을 부르시고, 그 역할은 몇몇 흥미로운 성격들을 끌어들이지만 거기에는 그들의 특이함과 더불어 환경적인 요인도 있다. 어떤 선교사가 처음에는 아주 조금 특이했을 뿐이더라도 수십 년에 걸쳐 몽골의 양치기 유목민들과 부대끼거나 아마존을 오르내리며 모터보트를 타다 보면 그들은 토피카(미국 중앙부 캔자스 주 주도—역주)에 돌아와 잘 적응하기가 어렵다. 그들은 타 문화와 언어와 경제와 가치 체계에 어느 정도 동화됐고, 선교사들이 멀리 떠난 사이 고향도 변했다.

> "물론이죠.
> 그건 소명입니다.
> 하지만 우리는
> 우리가 꽤 정상적이고
> 냉철하다고 생각한답니다."
> _선교사

> "우리 선교사들이
> 좀 특이하다고 해서
> 잘못될 건 없다고 생각해요."
> _교회 지도자

선교사는 진정한 의미에서 결코 다시 고향에 돌아갈 수 없다. 하나님께서 세계의 덜 복음화된 민족에게 메시지를 전하라고 정해놓으신 사람들에게서는 특이함이 예상된다. 거기에는 그 지역의 고유한 특색도 들어있다.

누구나 특별하다

그렇다면, 현대의 선교사가 조금 특이할 수 있지만, 남달리 거룩하기도 할까? 더 구체적으로 말하자면, '평균적인' 그리스도인보다 더 거룩할까? 한 가지 특별한 의미에서, 나는 확실히 그러기를 소망한다. 만약 당신이 해외 파견 대사라면, 당신은 왕의 의도를 잘 알고 그 뜻을 잘 전해야 할 것이다. 지상명령을 성취하기 위해, 교회는 언어와 문화의 장벽을 넘을 만큼 재능있고 열정적인 인재를 파송해야 한다. 나는 감정적으로나 영적으로 성숙한 사람을 파송하기를 소망한다. 스스로 하나님 말씀에 폭 잠길 수 있는 사람, 부지런히 기도하는 사람, 지적을 받아들이는 사람, 타인을 기쁘게 섬기는 사람이기를 소망한다. 그런 자질은 선교사의 필수 요건이지만, 그렇다고 선교사에게만 요구되는 역량은 아니다. 모든 성도는 그리스도를 닮은 거룩한 성품으로 성장해야 한다.

선교사가 타 문화의 영역으로 파송될 때, 그들은 여러 힘든 상황에 직면할 것이다. 그 상황이 그들을 세우기도 깨뜨리기도 할 것이다. 소망컨대, 그들이 믿음 안에서 성장하고 영적인 성숙을 이루면 좋겠다. 순종과 희생의 길은 책임일 뿐 아니라 축복이기도 하다. 고된 여정은 선교사의 거룩함이 자라는 것을 가속화할 수 있다.

미전도 종족을 위해 택함받고 파송받은 사람들은 그들이 하나님께서 예정하신 특별 임무를 위해 구별되었다는 점에서 '남다르게' 거룩하다.

선교사는 자신이 이제껏 속하지 않았던 장소에서, 자신이 속하지 않았던 민족에게, 모국어가 아닌 언어로 증언하는 일에 삶을 헌신한다. 거기에는 거룩한 무언가가 있다. 성경은 우리에게 교회를 이끄는 자들을 존경하라고 교훈한다. 마찬가지로 교회를 대표해서 미전도 종족을 섬기는 자들을 향해 같은 태도를 품는 것이 타당하다.

삶의 다른 영역에서, 우리는 특정 영역의 전문가(의사, 음악가, 운동선수, 과학자, 소방관, 예술가 등)들을 자연스럽게 존경한다. 그러나 그들을 존경한다고 해서 자신을 열등한 지위로 격하시키는 결론에 이르지 않는다. 모두 애국자가 될 수 있지만 그것이 우리를 군인으로 만들지는 않는다. 유일하게 중요하다는 암시 없이도 선교사의 역할을 높일 수 있다. 하나님은 그분의 자녀를 동등하게 사랑하시고, 지상명령을 향한 모든 역할에는 존귀함이 있다. 신실함은 여러 형태를 취한다.

> "잃어버린 세계를 향한 선교사의 공통된 강렬함을 그들이 그것을 공유하지 않기 때문에 나머지 사람들을 영적으로 다소 열등하게 느끼도록 만든다. 일반적으로 사람들은 그런 감정을 느끼게 하는 대화나 관계에 끌리지 않는다."
> _선교사

하나님의 불완전한 그릇

영적으로 성숙한 선교사의 필요를 강조한다고 해서 다른 그리스도인이 직면한 씨름과 거리가 멀다는 뜻은 아니다. 해외에서 왕성하게 활동하는 사역자들도 힘든 나날, 좋지 않은 기분, 나쁜 습관에 빠진다. 선교가 왜 쉽지만은 않은지를 보여주는 또 하나의 예다.

하나님은 불완전한 그릇을 사용하신다. 여전히 빚어지는 과정 중인 사람들 말이다. 문화의 경계를 넘는 과업이 주는 스트레스는, 예측 가능한 친숙한 환경에서 상대적으로 안정적인 영역에 잠들어 있던 다양한 유형의 문제를 수면 위로 올린다. 만약 이 일이 단기 선교 여행 중에도 일어난다면(실제로 일어난다!) 끝이 보이지 않는다고 느끼는 장기 선교 팀에게는 얼마나 더 많이 일어나겠는가?

선교는 항상 예쁜 그림만 그리지 않는다. 긴장, 갈등, 죄악 된 행동이 선교지의 가정과 교회에서 매일 수시로 일어난다. 그런 일이 선교 현장에서도 일어나면 우리는 정말 놀라고 만다. 그러나 바울과 바나바와 같은 거장 선교사들조차 심히 다투고 피차 갈라선 것을 보라(행 15:39-40).

놀라운 점은, 하나님께서 누구를 선택해 사용하시는가다. 뿐만 아니라 부르신 각 사람의 인생에서 하나님께서 얼마나 많은 일을 하기 원하시는가다. 선교 역사에는 이름 없는 사상자들이 많다. 그중에는 산산이 부서지고 빗나가고 절망한 선교사들도 있다. 모든 수단을 동원해서 그들의 이야기가 오늘의 선교사를 격려하고 지지하는 매개가 되면 좋겠다.

> "선교사를 독특하고 특별한 성도로 바라보는 시선이 과거에는 더 편만했다. 그러나 선교지에 간 사람들 사이에서 인격적 붕괴가 증가함에 따라 그런 시선은 수그러들었을 것이다."
> _선교사

언제나 소수인 사람들

선교사가 자신의 문화와의 접촉이 끊길 수 있다는 점에서 독특하다면, 그리고 하나님을 특별한 방법으로 섬기도록 구별되었다는 점에서 거룩하다면, 선교사가 특별하다는 주장도 이치에 맞다. 예수님도 무리를 보시며 이렇게 말씀하셨다. "이에 제자들에게 이르시되 추수할 것은 많되 일꾼이 적으니"(마 9:37). 전 세계 미전도 종족 가운데 있다 보면 복음의 대사로서 강한 압박감을 느끼기 쉽다. 인구는 8만 명인데 기독교에 대한 노출 경험이 전혀 없는 섬을 방문한 일을 기억한다. 달력이나 묘비에 십자가가 전혀 없었다. 단 1권의 성경책도, 단 1명의 성도도, 단 1곳의 교회도 없었다. 세계 어느 곳에는 신실한 일꾼이 거의 없고 또 매우 드물다. 예수님을 따르는 모든 사람이 제자 삼는 일에 참여하도록 초대와 명령을 받았지만, 선교사는 선교 정신을 가진 성도 중에서도 훨씬 더 작은 하위 범주를 구성한다. 그들은 언제나 그리스도의 몸에서 소수일 것이다.

하나님의 부르심

'선교사로의 부르심'이라는 개념은 세계 선교에 신비한 분위기를 더한다. 당신이 선교사가 되는 삶에 관심이 있다면, 그것이 하나님의 이

끄심인지 아니면 이타심 또는 모험심인지 어떻게 구별할까? 선교 사역을 정신이 번쩍 들도록 전망하려면 하늘로부터의 음성을 기다려야 할까? 어떤 이들은 하나님을 충분히 찾지도 않고 빠르게 앞서 움직인다. 여호수아가 기브온 사람들이 내민 곰팡이가 핀 떡을 보고 성급한 조약을 맺은 것처럼 말이다(수 9:14-15). 어떤 이들은 하나님께서 이미 밝혀 주신 바를 추구하기보다는 하늘에서 번개가 치기를 무한히 기다리며 만족하는 것 같다. 기다릴 때가 있고, 믿음으로 발걸음을 내딛어야 할 때가 있다. 지혜는 그 차이를 아는 것이다.

하나님의 부르심과 지혜로운 결정 사이의 선이 참 흐릿하게 느껴질 수 있다. 하나님은 나를 특정 종족을 위한 타문화권 사역으로 부르셨을까? 혹은 내가 발전시킬 수 있다고 생각하는 장소를 기도 중에 선택할 수 있을까? 어떤 그리스도인은 하나님께서 특별한 지시를 자세하게 알려주신다고 믿는다. 또 어떤 그리스도인은 하나님께서 제공하신 경계 안에서 자유롭게 선택할 수 있다고 말한다. 어떤 이들이 '부르심'이라고 부르는 것을, 다른 이들은 '헌신'이라고 표현할 것이다.

선택에 관한 혼란과 차이에도 불구하고, 한 가지는 분명하다. 지상명령은 모든 교회를 향한다. 예외 조항이 없다. 만약 부르심에 대한 당신의 관점이 하나님의 구속 계획에 대한 의미 있는 참여에서 스스로를 배제시킨다면, 당신은 이미 하나님의 계시된 뜻에서 멀어진 것이다. 성경은 우리가 선교에 동참하기 전에 특별한 부르심을 기다려야 한다고 말하지 않는다. 하나님은 우리의 공식을 무력화시키신다. 하나님은 다른 시간에 다른 방식으로 일하신다. 사도행전 13장에서 성령님은 바울과 바나바를 특별히 지명하셨다. 바울의 다른 동반자에 관해서는 이와 유사하게 하나님께서 택하셨다고 명확히 언급된 곳은 없다. 사도행전 16장 9-10절에서 바울은 하나님의 직접적인 부르심으로 해석하는 마게도냐 환상을 본다. 바울의 선교 여행의 다른 시점을 보면 그는 자신의 전략적인 본능, 이용 가능한 교통수단, 박해 여부, 개인적인 인간관계, 그 외 많은 다른 사항을 고려해 결정을 내린 것처럼 보인다

(행 13:50-51; 16:13; 18:1-3; 19:1,21; 20:16; 21:2-3).

> "대부분의 성도들은 개인적으로 선교사를 잘 알지 못한다. 이것이 선교사로 나가는 삶이 다소 예외적이라는 잘못된 생각을 만들어낸다."
> _ 선교사

> "우리는 선교가 중요하다는 사실에 동의한다. 하지만 대부분의 성도는 누군가 다른 사람이 그 일을 하기 원한다."
> _ 선교사

부르심에 최선을 다해 참여하는 9가지 방법

부르심에 관한 모든 관점과 의미를 평가하는 일은 이 책이 다루는 범위를 넘어선다. 하지만 부르심에 최선을 다해 참여하는 방법에 관해 몇 가지 제안한다.

기도하라 마음을 변화시켜달라고, 동기를 하나님의 우선순위에 일치

시켜 달라고 구하라. 나는 자주 이렇게 기도한다. "주님으로부터 온 생각이 아닌 것은 멀리 치워주시고, 그 자리를 주님의 것으로 채우소서." 혹은 시편 67편의 강력한 부르짖음을 따라 한다. "주님, 저를 통해 열방에 복을 베푸소서."

배우라 선교에 관하여 몰랐던 새로운 정보를 책에서, 온라인에서, 해당 지식이 많은 사람에게서 배우라. 미전도 종족의 필요를 조사하고 그들에게 닿으려면 무엇이 이뤄져야 하는지를 연구하라. 모르는 것에는 반응할 수 없다.

반추하라 인생의 이 시기에 배워야 하는 내용을 시간을 들여 묵상하라. 분주함이 하나님의 음성을 듣는 길에 방해가 될 때가 많다.

꿈꾸라 지상명령에 기여하는 최선의 방법은 무엇일까? 스스로 독창적으로 생각하라. 창의적인 사람이 되어라.

나란히 하라 현재 이해하는 바보다 더 긴밀히 하나님의 계획에 나를 맞추려면 어떤 실제 단계를 밟아야 할까? 무엇으로 주님께 영광을 돌릴지, 하나님의 뜻과 나를 일치시키라.

신뢰하라 두려움은 우리를 속박하지만 "온전한 사랑이 두려움을 내

쫓"는다(요일 4:18). 당신이 하나님을 기뻐할 때, 인도하시고 돌보실 하나님을 신뢰하라.

조언을 구하라 하나님은 우리를 그리스도의 몸 안에 두셨다. 경건한 사람들의 조언에는 지혜가 담겨 있다(잠 24:6). 하나님께서 내 삶에 두신 교회 지도자와 멘토를 존경하고 신뢰하라.

움직이라 다음 과정이 보이면 자신 없게 느껴질지라도 단계를 밟으라. 움직이는 배를 조종하는 게 더 쉽다. 배움과 묵상과 대화와 참여와 질문하기를 계속하라. 하나님께서 당신의 이해를 단련하심에 따라 방향이 바뀔 것이다.

안식하라 하나님은 때로 우리를 휘젓고 뒤흔드시지만, 평화의 주님이시기도 하다. 가야 할 길에 대해 하나님께서 주실 평안을 기대하고 기도하라. 그 길이 놀랍고 위험하고 엄청난 대가를 요구하는 것처럼 느껴질 때도 말이다.

중요한 결정을 내려야 하는데 성경의 지침에서 벗어나 길을 잃을 때, 우리는 스스로를 (좋은 의미에서) 고난에 빠뜨릴 수 있다. 우유부단함 때문에 움직이지 못할 수도 있고 어리석게 달려갈 수도 있다. 상황이 나쁘게 흘러가면, 쉽게 실망이나 냉소주의에 빠지기도 한다. 좋은 선택을 하는 열쇠는 하나님 앞에서 진실로 겸손한 태도와 가르침을 받을 만한 마음을 유지하는 것이다. 천년의 역사 속에서 신실한 그리스도인들의 본보기를 따를 수 있다. 그들은 하나님의 기록된 말씀에 순종하면서 단순한 기도의 길을 걸었다. 그 결과 하나님의 영광을 위해 많은 것을 이루었다.

책임 면제권

우리는 선교사가 특이한 사람이라는 주장이 과연 타당한지 그 근거들을 찾아보았다. 다음과 같이 말할 때 위험이 찾아온다. "내가 아는 선교사님에게서 끌림이나 공통점을 찾지 못하겠어. 그러니까 선교는 매력적이지 않거나 공감하기 어려운 게 틀림없어." 자신은 정글이나 사막에서 복음을 전하는 일에 적합하지 않았다고 느끼면서 이렇게 생각한다. '만약 하나님께서 내가 선교사가 되기를 의도하셨다면, 그건 그리 낯설어 보이지 않았을 거야. 난 내가 어디로 가야 할지를 알았을 테고, 거미를 무서워하지도 않았을 테니까 말이야.'

그러나 비(非)문자적 언어를 배우는 것은 고사하고 식당에서 주문조차 해내지 못한다. 챙 모자를 쓴 모습은 멋이 없다고 생각하고, 곤충과 돼지비계를 먹으며 살 미래를 감히 직면하기 어렵다. 그래서 지상명령의 책임으로부터 스스로 면제시키고 시선을 돌린다. 선교는 정말이지 너무나 '특이'하니까. 또는 "특별한 사람만이 선교사가 되어야 해. 나는 그럴 만큼 거룩하지 못해. 그러니까 나는 제외야"라고 결론짓는다. 그 대신 교회 강단에 말끔하게 차려입고 서있거나 냉장고에 붙여놓은 기도 카드 속에서 웃고 있는 선교사 가정을 본다. 기적적인 치유 및 변화된 삶의 이야기에 잠시 귀를 기울이며, 자신은 결코 도달할 수 없다고 결론짓는다. '오직 초특급 성도들만 지원해야 해.'

우월감과 열등감과 무관심은 세계 선교에 온전히 헌신한 개개인들로부터 우리를 멀어지게 만들려는 원수의 책략이다. 지극히 평범해서 선교사가 되기에 적합하지 못하다고 결론을 내리든, 혹은 성화라는 자격 기준에 한참 못 미친다고 결론을 내리든, 혹은 부르심을 받지 못했다고 결론을 내리든, 결국 우리는 미전도 종족과 세계 교회에 해를 끼친다는 이유로 지상명령의 책임으로부터 스스로 면제시키고 만다.

선교사가 아니어도 괜찮다

세계 선교의 본질이 모든 그리스도인이 선교사가 되어야 한다는 것일까? 당연히 아니다. 모든 그리스도인이 새로운 상황으로 이동하고, 다른 (몇 가지) 언어를 배우고, 문화를 분석하고, 복음을 상황과 조화시키고, 성경을 번역하고, 건강하게 재생산하는 교회를 세우고자 신학적 기초를 놓는 등, 이에 맞는 훈련과 성격과 성품과 재능을 갖춘 것은 아니다. 그 과업을 수행하는 전문인 선교사들은 뒤에 남아 그들을 파송하고 지원하는 다수에 비해 은사가 더 뛰어날 필요도 없고, 더 경건할 필요도 없으며, 더 신실할 필요도 없다. 하지만 소망컨대 그들이 그 특수한 역할에 더 잘 맞기를 바란다. 세계 교회인 우리는 최전방의 과업을 가장 잘 완수할 수 있는 사람들에게 맡기면서 헌금을 이체하고 나서 우리의 할 일을 끝냈다고 체크리스트에 표시하거나 "하나님, 선교사들을 축복하소서"라고 기도하고 일상으로 돌아가서는 안 된다.

지상명령을 성취하는 것은 한 가지 유형의 독특한 사람(자면서도 전도하는 사람, 모기를 즐기는 사람, 사생활에 대한 필요를 느끼지 못하는 사람)에게만 의존하지 않는다. 게다가 전적으로 선교사를 의존하지도 않는다. 하나님의 복을 땅의 모든 민족에게 전하는 것은 모든 유형의 성도들이 함께 동역하는 데 달려 있다. 그것은 마땅히 축하할 일이다. 나이와 배경과 국적과 경험과 교육 수준과 은사가 무엇이든 당신이 예수님의 제자라면 당신은 열방의 구원에 동참하도록 초청받았다. 그 초대 안에서 자유를 누리자.

오늘날 선교에 동참하기란 그 어느 때보다 더 쉽다. 그 접근권의 이점을 누리자. 미전도 종족 안에서 그리스도를 영화롭게 하기 위해 각자의 기술과 재능과 영적 은사를 사용하도록 서로 독려하자. 일부 누군가에게는 그것이 선교사를 의미하고, 대다수 누군가에게는 그렇지 않을 것이다. 만약 당신이 미전도 종족을 위한 직접적인 해외 선교 사역에서 배제되었다면, 지난 2천 년 동안 후원자의 역할로서 세계에 영향을 끼쳐온 수억 명 그리스도인의 헌신에 동참하라. 파송하고, 기도하고, 헌금하고, 격려하라. 우리에게는 당신이 필요하다.

핵심 정리

최전방에서 선교사로 사역하는 자들과 파송하는 자로서 고향에 남아있는 자들을 분리하면 할수록, 거리와 문화를 뛰어넘는 그리스도의 몸 된 공동체를 세우기가 더 어려워진다. 만약 선교사를 우리 삶과 전혀 상관없는 예외적인 부르심을 받은 다른 세상의 '슈퍼 크리스천'으로 여긴다면, 하나님의 위대한 선교에 참여할 기회를 놓치고 만다. 만약 선교사를 너무 거룩하고 강해서 연약함과 두려움과 일상의 죄가 없는 존재로 상상한다면, 그들을 내려올 수 없는 선반 위에 두고는 이해와 설명과 격려 밖으로 밀어내는 것과 같다.

선교가 급진적 소수만을 위한 것이라는 생각을 거부하자. 지금은 그리스도의 몸 전체를 동원해야 할 때다. 선교는 몇몇 독특한 사람만을 위한 과업이 아니다. 선교는 세계 교회가 제공해야 할 최고의 아이디어, 동기, 성품, 자원, 달란트, 은사를 전방위적으로 사용할 것을 요구한다. 우리는 내 전부를 요구하는, 엄청난 과업을 성취해야 한다.

"미전도 종족에게 이르는 것은 사람을 달에 데려가기보다 훨씬 더 어렵다"라고 나의 멘토는 말했다. 이러한 도전에 완벽하고 거룩하게 시작할 필요는 없다. 교회는 수억 명의 성도로 이루어져 있고, 각각은 독특한 은사와 장점과 약점을 지닌다. 그 여정에서 함께 배우면서 성장한다.

선교사의 역할이 신비롭게만 여겨지지 않도록, 현재 활동하는 선교사들과 친밀해지려고 애써보라. 정글에서 살면서 자녀를 학교에 보내는 선교사의 수가 적을지라도, 그들이 당신과 얼마나 닮았는지를 발견하고 놀랄 것이다. 모든 그리스도의 제자는 성령님 안에서 특별한 유대감을 나눈다. 하나님의 명령을 중심으로 삶을 조직하는 성도들 사이에는, 사는 곳이 어디든 훨씬 더 깊은 친밀함이 있다.

만약 당신이 주변 선교사에게서 뿜어져 나오는 특별함을 느낀다면, 당신은 일종의 문화 충격을 경험하고 있는 것이다. 그들 역시 당신과 동일하게 느낀다는 사실을 상기하라. 선교사는 문화 간의 다리다. 사람들은 서로 다름에도 불구하고 외국인과 잘 지낸다. 다름을 미리 전제했기 때문이다. 하지만 여러 문화적 특징이 뒤섞인 사람에게 항상 같은 은혜를 베풀지는 않는다. 만약 선교사들이 우리가 보기에 너무 낯설다면, 그들이 사역하는 사람들과 관련된 도전을 그냥 상상해보라. 우리는 함께 영원을 보낼 것이고 그것은 놀라운 경험일 것이다! 지금 연습해보는 게 어떻겠는가.

만약 당신이 선교에 참여할 때 주의를 기울여야 할 세세한 사항과 일어날 일들 때문에 큰 압박감을 느낀다면, 잠시 멈춰서 큰 그림을 기억하라. 지상명령은 예수님의 모든 제자를 위한 것이다. 하나님은 목적을 가지고 우리를 창조하셨고 열방 가운데 하나님의 영광을 선포하도록 관심과 재능과 경험과 영적 은사를 주셨다. 모두에게는 맡은 역할이 있다.

선교는 전문가, 초특급 성도, 실패자, 독특하고 유별난 사람만이 할 수 있는 것이 아니다. 우리에게 어떤 수식이 붙더라도 그것이 우리가 손을 뗄 만한 이유는 되지 못한다. 하나님은 구원을 향한 뜻을 성경에 분명히 나타내셨다. 아무것도, 심지어 특별한 부르심을 찾으려는 노력도 하나님의 뜻으로부터 당신을 멀어지게 하지 말라. 당신이 선교사가 될지, 혹은 어느 곳

> 에서 섬길지 아직은 분명하지 않을지 모른다. 하지만 당신에겐 여전히 선교 레이더가 있다. 당근을 내려놓아라. 당신이 받은 것으로 기도하면서 길을 계획하라. 만약 문화의 경계를 넘는 섬김을 갈망한다면, 용기를 내라. 선교사가 되기 위해 독특한 사람이 될 필요는 없다. 그것은 추후 뒤따를 특권이다. 시간을 들여라.

토론을 위한 질문

1. '선교사'라는 단어를 들으면 마음에 어떤 유형의 사람이 떠오르는가? 그들은 당신과 어떻게 다른가?

2. 당신 주위의 사람들은 선교사를 독특하고 유별난 사람 혹은 초특급 성도로 생각하지는 않는가? 이 점이 선교에 대한 어떤 오해를 가져온다고 생각하는가?

3. 선교에 대한 관점은 시간이 흐름에 따라 어떻게 변한다고 생각하는가?

4. 주위의 선교사들은 선교에 대한 당신의 관점에 어떤 영향을 미쳤는가?

Is The Commission Still Great?

선교는 그 문화권에 해를 끼친다는 오해

우리는 소홀히 하기에는 너무 소중한 인류와 마주한다.
우리는 물러서기에는 너무 놀라운 세상의 질병에 대한 치료법을 안다.
우리는 감추기에 너무나 영광스러운 그리스도를 소유한다.
우리는 놓치기엔 너무나 흥미진진한 모험을 한다.

_ G. P. 하워드

> 오해 6. 문화의 경계를 넘나드는 선교의 전반적인 결과는 현지 문화를 희생시키면서 서구 가치관과 해외 버전의 기독교를 전파한 것이다.

〈스타 트렉〉이라는 SF 시리즈에서 스타플릿 장교들은 은하계를 누비며 모험하는 동안 다른 문명은 간섭하지 않겠다고 서약해야 한다.[1] '프라임 디렉티브'(Prime Directive)라고 알려진 명령 1호는 이렇게 기술한다. "어떤 함선도 외계인의 삶과 사회의 정상적인 발달에 간섭해서는 안 된다."² 피카드 함장은 거주민을 구출해 이주시키기보다는 보랄 II 행성의 멸망을 지켜보기로 결정했다.³ 그는 '프라임 디렉티브'를 절대 원칙으로 받아들였고, 어려운 결정을 내린 후에 한 승무원에게 이렇게 설명했다. "역사는 계속해서 증명한다네. 인류가 덜 발달된 문명에 간섭할 때마다, 그 아무리 좋은 의도라 해도 그 결과는 불가피하게 참담하다는 것을."⁴

세계 선교가 '프라임 디렉티브'를 어긴 건 반박의 여지가 없다. 선교사는 자신이 섬기는 지역사회에 의도를 가지고 개입해 영향을 미치려 한다. 그중에는 선교사의 고향보다 과학 기술과 경제가 덜 발달한 곳들이 있다. 그렇다면 그 결과는 예외 없이 참담할까?

한때 선교사는 대중의 지지를 받았지만, 시대가 변했다. 1956년 짐 엘리엇과 동료들이 에콰도르 정글에서 죽임을 당했을 때, 방송사와 뉴스는 그들을 영웅으로 추앙했다. 「라이프」는 그들의 희생을 대서특필하면서 "그대들이여, 가서 복음을 설교하라: 5명의 실천과 죽음"이라는 제목으로 10페이지 분량의 기사를 실었다.⁵ 그로부터 불과 60년이 지나, 조나단 차우는 고립된 부족을 복음화하려다 노스센티널(미얀마와 인도네시아 사이 벵갈만에 위치한 섬―역주)에서 죽임을 당했다. 이에 대한 반응으로 「뉴욕 타임스」는 "미국인의 죽음은 극단적 선교 사역에 관한 복음주의 논쟁을 재점화한다"라는 제목의 사설을 냈다.⁶ 그다음 주에 BBC 뉴스는 "존 알렌 차우: 선교사들은 도움을 주는가, 아니면 악영향을 끼치는가?"라고 물었다.⁷ BBC 보도는 선교 사역에 관한 다양한 관점을 제시한다. 그중 페이스북에서 널리 공유된 글이 있다. 한 여성이 자신의 단기 선교 여행 경험을 바탕으로 이렇게 질문한다.

"나는 왜 내 믿음이 올바른 믿음이라고 생각했을까? 나는 왜 내 존재가 참으로 귀해서 그들의 마음과 삶을 변화시킬 것이라고 생각했을까? 나는 왜 자신의 자리에서 아름답고 만족스러운 삶을 사는 그들을 잃어버린 자라고 생각했을까? 나는 왜 그들의 삶이 변화되어야 한다고 생각했을까? 이건 백인 우월주의다. 이건 식민지화다. 백인의 신과 삶을 따르는 자들로 변화시키기 위해 돌봄을 가장해 외국 땅에 들어가는 것이다. 식민지화가 더 이상 일어나지 않는 척하지 말라. 새로운 이름 아래 여전히 진행 중이다. 바로 '선교 여행'이라는 이름 아래 말이다."⁸

그리스도의 제자로서 우리는 이러한 비난에 어떻게 반응해야 할까? 선교는 정말 가면을 쓰고 식민지화하려는 우월주의인가?

방해하지 마시오

선교를 제국주의, 개발과 착취, 심지어 인종주의와 결부시킨다는 이야기를 접한 경험이 있을 것이다. 설문 응답자의 거의 절반(47퍼센트)이

"선교는 그 문화권에 해를 끼친다"라는 오해가 "상당히" 혹은 "매우 많이" 성도들에게 영향을 미친다고 말했다. 37퍼센트는 이러한 인식이 북미 교회 안에 "상당히 일반적" 혹은 "거의 보편적"이라고 답했다. 응답자의 모든 범주 중에서 교회 지도자들은 이러한 오해의 널리 퍼진 정도에 대해 가장 높은 점수를 주었고, 현장 선교사들은 그에 비해 상당히 낮았다. 아마도 사람들은 다른 환경에 비해 선교사 주변에서는 이러한 인식을 잘 드러내지 않는 것 같다.

우리는 종종 인류학자, 팟캐스터, TV 유명인, 대학 교수로부터 선교는 문화적 제국주의의 선봉장이며 세계의 문화에 회복 불가능한 손상을 입혔다는 주장을 듣는다. 예수님을 따르는 자로서, 선교가 문화를 파괴한다는 주장은 우리를 잠시 멈칫하게 한다. 그것은 매우 중대한 비난이기 때문이다. 우리는 정말 지난 수 세기 동안 그들의 문화와 전통을 희생해가면서 사람들을 가치 체계에 굴복시켜온 것인가? 진리를 따르는 사람이라면 해롭거나 잘못된 것은 인정하고 시정하기를 원한다. 우리의 열망은 하나님을 경배하는 것이다. 하나님께서 창조하신 세상에서 하나님의 좋은 청지기가 되는 것이다. 아름답고 다양한 인간의 문화도 포함해서다. 그리스도인은 모든 선한 것의 (파괴자가 아닌) 보호자가 되어야 한다.

이러한 이슈는 나에게도 가슴에 와닿는다. 나는 인도네시아 파푸아 부족민들 사이에서 성장했다. 나의 부모님은 1960년대 초반, 사위족에 복음을 들고 찾아갔다. 우리 가정은 구석기 부족의 고립된 삶에 들어가, 새로운 정보와 과학 기술과 가치관을 소개한 전형적인 해외 선교사였다. 머지않아 사위족은 우뚝 솟은 전통 가옥 대신, 우기에 홍수를 피할 수 있으면서도 땅과 더 맞닿은 집을 선호했다. 그들은 천연 재료 대신 수입 낚싯바늘, 면도날, 칼, 성냥을 사용하기 시작했다. 사위족은 서양 의복을 입기 시작했으며, 대나무 통 대신 깡통에 물을 담아 날랐다. 돌도끼 대신 강철 도끼로 카누의 속을 파냈다. 나의 부모님은 사위족의 문화를 파괴한 것일까? 사위족이 고립된 채 남겨졌더라면 오늘날 더 잘 살 수 있었을까?

"나의 모교회는 선교를 문화적 집단 학살로 보는 사람들과의 불화가 두려워 해외 사역을 공적으로 언급하기를 꺼린다."
_ 선교사

"북미 교육 제도는 선교를 식민주의로 보는 개념을 가르친다. 따라서 비신자뿐만 아니라 성도들도 그 개념을 보편적 사실로 받아들인다."
_ 선교사

'프라임 디렉티브'의 이면

흥미롭게도 〈스타 트렉〉의 '프라임 디렉티브'는 진공 상태에서 만들어지지 않았다. 그 프로그램은 베트남 전쟁이 한창이던 1966년에 처음 방영되었다. 지령은 미국이 타국의 자연스러운 발달에 간섭해서는 안 된다는 정치적 정서를 반영했다. 개념은 언제나 상황에서 비롯된다. 선교사가 문화에 해를 끼친다는 주장도 예외가 아니다.

그리스도는 인간의 역사와 죄악 된 세상 안에서 그분의 나라를 시작하셨다. 본질상 그 나라는 '레지스탕스 운동'이다. 로마제국이나 종교개혁 시대 유럽이나 공산주의 중국 또는 태평양의 섬 어디에 뿌리를 내리든지 그것은 반문화다. 우리는 하나님의 새로운 피조물이지만 동시에 여전히 깨어진 세상을 반영하고 그 세상과 상호작용한다. 예수님은 곡식과 가라지 비유를 말씀하시며 이것을 지적하셨다(마 13:24-29). 하나님의 곡식은 원수가 뿌린 가라지와 나란히 자란다. 이 둘을 구별하려면 분별력이 필요하다.

1700년대 말 윌리엄 캐리 및 동시대 인물들로부터 시작된 개신교 선교의 근현대기는 가라지가 많던 당시의 상황에서 펼쳐졌다. 유럽 열강이 바다를 지배했고 세계를 분할했다. 되돌아보면, 기독교와 선교가 식민지 시대의 폭력과 학대, 더 넓게는 근현대 미국과 서구의 문화와 동일시되는 것도 놀라운 일이 아니다.

식민지 시대에 선교라는 명목하에 교회가 행한 일에 대한 각성, 지정학적이고 사회학적인 흐름과 관계는 선교의 복잡한 그림을 만든다. 성경 접근성의 향상, 신약의 영성에 대한 새로운 인식, 지상명령에 대한 재발견, 세계 및 세계의 필요에 대한 노출이 증가함에 따라, 허드슨 테일러와 조나단 고포스 같은 선교사들이 땅끝으로 전진을 시작했다. 그들은 상황에 따라 유럽 열강이 제공하는 접근, 자원, 보호의 도움을 받았다. 식민 당국이 선교를 방해할 때도 많았다. 권력자들은 현지 인력을 교육하고 그들의 복지를 향상하고 기독교 복음의 혜택을 나누려는 선교사의 열정에 동조하지 않았다. 전통적인 서사와는 반대로, 식민지 시대 선교사의 계획은 제국주의 이익과 상충할 때가 많았다. 오늘날처럼 말이다.

식민지 팽창의 시대에 기독교는 기독교 국가(Christendom)와 혼동될 때가 많았다. 복음 자체도 유럽 문명의 과시적인 요소들과 혼동되었다. 교회의 언어와 장소는 국가의 경제 계획을 진척시키기 위해, 때로는 착취와 노예를 정당화하기 위해, 강요될 때가 많았다. 1492년에 크리스토퍼 콜럼버스가 히스파니올라섬에 착륙했을 때, 그는 자신의 여행을 후원한 군주들에게 두둑한 보상을 약속했다. 3년 후 그는 수백 명의 아라와 부족민을 잡아서 노예로 팔기 위해 스페인으로 보냈다(그들 대부분은 이동 중에 죽었다). 그는 이렇게 기록했다. "성삼위 이름으로 팔릴 만한 모든 노예를 보내자."[9]

선교사는 때로 부정적인 고정관념에 불을 지폈다. 자신의 계획을 우선함으로, 세습영지를 건설함으로, 그들이 섬겨야 할 사람들을 학대함으로 그리스도의 영광을 가렸다. 또 어떤 이들은 상황화 된 토착 교회를 세우려는 고된 작업보다는 무지하고 오만하고 게으르게 외국의 예배 형식을 복제했다. 전 세계적으로 예상 밖의 장소에서 서구식 교회 건물, 첨탑, 예복을 발견할 수 있다. 교회가 세계화되고 선교지에서 모범 사례가 알려짐에 따라, 감사하게도 그런 흐름은 점점 줄고 있다. 이제는 대부분의 선교사가 현지 문화를 존중하는 방식으로 복음을 전달하려고 한다.

선교에 대한 모호한 가설들

'프라임 디렉티브'와는 별개로 스타플릿 승무원들은 문명의 발달에 꾸준히 관여하고 있었다. 그렇지 않았다면 매우 지루한 드라마였을 것이다. 피카드 함장은 프라임 디렉티브에 대해 충성스러운 인물이었음에도 불구하고, 그 자신도 의도적으로 법을 깨고 연방 시민을 구출했다.[10] 모든 구성원이 이론으로조차도 프라임 디렉티브를 믿지 않았다. 스팍이라는 인물이 처음 엔터프라이즈호에 합류했을 때, 그는 일등 항해사에게 이렇게 물었다. "프라임 디렉티브가 비윤리적이고 비논리적이며 도덕적으로도 변명할 여지가 없다고 생각해본 적 있습니까?"[11]

선교사가 문화에 해를 입힌다는 주장이 점점 더 목소리를 내고 있지만, 그것은 새로운 주장이 아니다. 1982년에 「타임」은 선교사의 영향력에 관한 이야기를 이렇게 결론짓는다. "이타적이긴 해도 궁극적으로는 그리스도의 가르침을 전 세계에 퍼뜨리려는 자기충족적인 과업을 위해 자기 삶을 헌신한 선교사들의 … 열정을 칭찬하지 않기는 어렵다. 그럼에도 … 그들이 행한 영적인 선(善)은 사회적 문화적 해(害)와 균형을 이루지 못한 것은 아닌지 하는 질문이 남는다."[12]

오늘날, 프라임 디렉티브의 반선교적 버전이 많은 북미인의 머릿속에 굳건히 자리 잡고 있다. 혹 의식하지 않더라도 잠재적으로 그렇다. 선배 선교사에 대해 지나친 당혹감을 느끼기 전에, 주의 깊게 사실 확인을 해보자. 솔로몬은 "송사에서는 먼저 온 사람의 말이 바른 것 같으나 그의 상대자가 와서 밝히느니라"(잠 18:17)라고 했다. 선교가 대체로 파괴적이었다는 인식 기저에 깔린 가정이 보기보다 탄탄하지 않다는 입증이 가능할까? 그러한 가정이야말로 '비윤리적이고 비논리적' 아닌가?

> "나는 선교가 그 문화에 해를 끼친다는 시각이 교회 밖에 팽배한 것을 발견한다. 교회가 선교 참여를 분명하게 밝히지 않는 요인은 그 때문일 것이다."
> _선교사

성경은 삶과 무관하다? "선교사는 다른 문명에 간섭하면 안 된다"라는 주장은 성경이 무슨 말씀을 하든 무관하다는 의미를 함축한다. "지상명령은 그냥 무시하라", "천국과 지옥은 없고 오직 신화와 미신이기에 사람들은 구원받을 필요가 없다", "복음은 사실 좋은 소식이 아니다", "성경을 믿는 그리스도인은 가공의 이야기를 추종하는 순진한 자들이기 때문에, 그들의 동기와 판단은 일반적으로 의심스럽다", "만약 그들이 유대의 무식쟁이가 하나님이시고 죽은 자 가운데서 부활했다고 믿을 만큼 잘 속는 사람이라면, 그들은 아마도 다른 내용에서도 오류가 많을 것이다"라고 주장한다.

하지만 성경은 진리이고 유의미하기에, 우리는 성경에 순종해야 한다. 성경은 분명하게 "너희는 온 천하에 다니며 만민에게 복음을 전파하라"(막 16:15) 말씀하며, 다른 문화에 영향을 끼치라고 전한다. 하나님께서 세상을 창조하시고 인류의 죄를 대속하셨기에, 하나님의 권위는 모든 문화 위에 거하시고 하나님은 그분의 메시지와 영광을 전파하라고 교회에 명령할 권한을 가지신다.

모든 문화, 종교, 세계관은 동등하게 유효하다? 원주민을 간섭하지 말라는 주장은 모든 문화가 본래 선하다는 가정 위에 있다. 어떤 이들은 문화가 하나의 제도이기 때문에 그 일부의 거부는 통합된 삶의 방식 전체를 거부한다고 믿는다. 하지만 잠시 멈춰보자. 우리는 정말 이 주장을 신뢰하는가? 문화는 정말 하나의 통합된 방식으로 오는가? 아니면 어떤 요소들은 온전하거나 중립적이지만 또 다른 요소들은 해롭다고 보는가? 긍정적 요소와 파괴적 요소의 차이점을 분별하지 못하는가?

언어와 음악과 춤이 고유하고 아름답지만, 쌍둥이는 악령이기에 태어나자마자 죽여야 공동체를 보호할 수 있다고 가르치는 문화가 오늘날에도 존재한다.[13] 인후통에 대한 처방으로 피를 흘리게 해야 한다고 믿는 문화를 받아들일 수 있는가? 영아 살해, 과부 화형, 여성 할례, 식인 풍습은 모두 고대의 문화적 관습이다. 우리는 정말 이러한 관습을 보존해야 한다고 믿는가?

식인종이었던 사위족은 그들이 죽인 사람의 머리를 수집하던 관습이 있었다. 그들은 의식이 없는 사람은 이미 죽은 상태로 여겼다. 그것은 단지 의학적 무지의 결과가 아니라 영혼 중심적 종교관의 핵심이었다. 만약 사람이 전쟁 중에 부상을 입고 의식을 잃으면, 그들은 그를 돗자리로 싸서 기둥 위에 마련한 작은 묘지에 안치한다. 희생자는 의식이 희미해지며 매장대가 흔들리다가 결국 부상이나 탈수를 이기지 못하고 죽음에 이른다.[14] 이와 같은 전통에 간섭하는 게 정말 잘못된 일인가? 세계 보건, 경제, 농업 프로그램의 목표는 인간의 인식과 행동을 변화시키는 것이고, 그것은 곧 문화를 변화시키는 것이다. 이에 대해 더 많이 생각하면 할수록, 나는 더 스팍의 발언에 동의한다. 프라임 디렉티브는 '논리적이지도 윤리적이지도' 않다.

고립된 종족은 선교사가 도착하기까지 유토피아에 살았다? 악한 문명에 의해 부패되지 않은 '고결한 원주민'이라는 고정관념은 15세기부터 19세기까지 유럽 문학에 정기적으로 등장했고 차후 할리우드 영화에도 차용되었다. 슬픈 현실은 고립된 종족이 모두 행복하게 사는 것은 아니라는 점이다. 야자나무 아래서 코코넛 우유를 마실 때 풀잎으로 엮은 치마는 바람에 바스락거린다. 아주 외딴 곳이든 아니든, 모든 문화는 질병과 부패, 빈곤, 문맹, 불법 성매매, 전쟁, 정치적·종교적 박해와 수많은 다른 불행들로 고통받는다.

우리의 목표는 문화를 있는 그대로 보존하는 것인가? 선교사가 문화를 변화시킴으로써 그 문화를 파괴한다는 인식은, 어떤 문화는 빠른 변화를 추구할 수 있는 반면 어떤 문화는 외국의 영향 없이 보존되어야 한다는 뜻을 함축한다. 고립된 문화를 우리와 동등한 존엄성과 가치와 잠재력을 갖춘 인간이 아니라 배양 접시에 담긴 표본으로 다루는 것은 이중 잣대다. 이 시대처럼 상호연결된 세계에서 종족 그룹을 문화적으로 '급속 동결' 상태로 두는 것이 바람직하지 않을뿐더러 가능한지조차 대단히 의심스럽다. 그들이 거리를 두어야 하는 대상은 오직 기독교 선교사뿐인가? 오히려 세속적인 영향력은 아닐까?

그들에게 빠르게 침투하려는 수많은 '콜럼버스'로부터 그들의 생존을 돕고 지켜내며, 그들을 사랑하고, 그들의 언어와 문화를 배우는 이들은 언제나 선교사이기 때문이다. 나의 아버지는 이렇게 말했다.

"선교사들이 가능한 한 빨리 이리안자야 같은 고립 지역으로 들어가야 하는 이유가 있다. 아무리 철저히 고립된 소수 문화일지라도 결국 다수의 상업적 정치적 팽창에 의해 제압당하고 만다고 역사는 가르친다. 상아탑에 갇힌 순진한 학자들은 세계의 원시 문화가 누구도 손대지 않은 채 남겨져야 한다고 주장하지만 농부, 벌목꾼, 땅 투기꾼, 광부, 사냥꾼, 군대 지도자, 토목기사, 예술품 수집가, 마약 밀매자와 여행자들은 경청하지 않는다.

그들은 어쨌거나 간다. 가서 파괴한다. 속인다. 착취한다. 희생시킨다. 오염시킨다. 원주민들에게는 면역력과 의술이 없는데, 그런 질병을 가져가서 퍼뜨린다. … '누구라도 가야 하는가?'라는 질문은 이미 힘을 잃었다. 누군가가 반드시 '갈 것이기' 때문이다. 질문은 한층 더 실제적인 질문으로 대체되었다. 그들에게 가장 애틋한 마음을 느끼는 사람들이 먼저 가야 하지 않겠는가?"[15]

문화적 보존이 고상하게 들리지만, 선교사 유무와 관계없이 문화가 언제나 변한다는 것은 진리이다. 그 변화는 더 나아지기 위한 움직임일 때가 많다. 유네스코 세계 문화 및 개발 위원회는 "한 사회의 문화는 고정된 것도, 불변하는 것도 아니다. 오히려 끊임없는 변화의 흐름 속에 있다. 다른 세계관이나 표현 형식에 의해 영향을 받고 영향을 준다."[16]라고 말한다. 사람들은 전진하고, 혁신하고, 창조하는 것을 좋아한다. 누군가의 문화를 살아있는 화석으로 만들려는 노력은 현실적이지도 않으며, 존중을 갖춘 태도도 아니다.

우리는 판단할 권리가 없다? 어떤 문화는 변화를 받아들이고 또 어떤 문화는 변화로부터 보호받아야 하는지 누가 결정하는가? 정글에서 성장한 나는 바깥 세계의 '전문가'들이 선교사들과 어떻게 상호작용하는지를 관찰할 수 있었다. 가끔 인류학자나 기자가 전용기를 타고 들어와서 선교사가 마련해 준 음식을 먹고 선교사 집에서 잠을 잤다. 그러면서 선교사에게 현지 문화에 대해서 많은 질문을 쏟았다. 선교사가 그 부족을 잘 알고 그들의 언어를 구사할 줄 알기 때문이다. 그렇게 시간을 보낸 외부인은 비행기를 타고 자신의 집으로 돌아가 선교사들이 어떻게 문화를 파괴하고 있는지에 관해 글을 쓰곤 했다. 문화를 비평하고 현지인에 대한 선교사의 영향력을 평가하기에 가장 적합한 위치에 있는 사람이 과연 누구인가?

사도 바울에 의해 인용되기도 한 BC 6세기의 예언자 에피메니데스는 자신의 민족에 대해 "그레데인들은 항상 거짓말쟁이며 악한 짐승이며 배만 위하는 게으름뱅이"(딛 1:12)라고 말했다. 그의 문화와 행동 양식에 대한 비평은 부적절했는가? 서구 문명의 발달(혹은 퇴보)은 지속적인 자기 평가의 과정을 통한 것이 아닌가? 바울은 디도에게 건전한 가르침을 통해 그레데의 악한 문화를 변화시킬 것을 강권했다. 그는 복음이 파괴적인 문화의 반복을 깨뜨리는 하나님의 도구라고 여겼다.

설령 내부인만이 자기 문화를 판단할 권리가 있다고 가정한다 해도, 그들의 고립을 방해하는 외부인이 없다면 어떻게 조언을 구할 수 있겠는가? 만약 그들에게 선택권이 주어질 때, 성냥을 사용해 불을 피우고 모기장을 쳐서 말라리아 사망률을 낮추고 구충제를 먹어서 기생충을 없애는 방식을 선호한다면 어떻게 해야 할까? 악령에 대한 두려움, 세대를 거듭해서 이어지는 복수로부터 해방되기를 원한다면 어떻게 해야 할까? 당신과 같이 스마트폰을 사용하기 원한다면 어떻게 해야 할까? 그들은 자신들을 격려하려는 노력을 가리켜 재포장된 문화 제국주의와 다름없다고 말할지도 모른다.

고립된 종족은 선교사가 끼친 영향력에 분노한다? 세계 곳곳의 부족민들은 자신들과 더불어 살면서 끈끈한 유대감을 나누는 선교사들을 대체로 무척 좋아한다. 일반적으로 문제를 일으키는 이들은 선교사가 아닌 무역상, 악어 사냥꾼, 벌목꾼, 정부 관리 그리고 무수한 개발꾼과 같은 외부인이다. 선교사에 대한 부정적 묘사는 대개, 주의를 딴 곳으로 돌리기 위한 그릇된 주장이다.

내가 선교사로서 경험한 최고의 날은 정글 부족에 복음이 뿌리내린지 50주년을 기념하는 행사에 참석한 일이다. 며칠간 이어진 축제는 기쁨과 노래와 춤으로 가득했다. 마치 천국을 미리 맛보는 것 같았다. 수천 명이 정글 한가운데 자리한 원형 분지에 모였다. 축제는 부족의 최고령이 앞으로 나와서 그들이 과거에 어떻게 살았는지를 이야기하는 데서 시작했다. 두려움과 유혈이 끊이지 않던 삶, 아내를 구타하고 정령들을 숭배하며 살던 삶 말이다. 축제 순서는 자유롭게 흘러가다가 어느 시점에 선교사들이 처음 그곳에 도착한 사건을 재현했다. 선교사들의 옷 가방, 이국적인 음식, 언어적인 실수, 그리고 비전통적인 방식들을 묘사하는 데 이르면서 서로가 자지러진 웃음으로 넘어갔다. 이 즐거움 넘치는 유머러스한 시간은 결국 경배의 손짓, 감사의 기도, 자연스레 흘러나오는 춤, 그리고 삶을 변화시킨 복음을 주신 주님에 대한 찬양으로 이어졌다. 이것은 착취당한 종족의 반응이 아니다!

선교사는 서구 종교를 퍼뜨린다? 우리는 기독교가 동방의 종교라는 사실을 잊곤 한다. 나는 복음을 언급하면서 종교라는 단어를 쓰기 꺼리지만 말이다. '동방'이라고도 말할 수 없는 게, 우리는 기독교가 하나님으로부터 온 것과 지리적으로 제한되지 않음을 안다. 하지만 역사적으로 기독교는 유럽, 아프리카, 아시아에 퍼지기 전 중동에서 시작되었다. 예수님 이후 첫 5세기 동안에 위대한 교회 지도자들은 북아프리카와 중앙아시아 출신이었다.[17] 부활 사건 이후 몇 세대 동안, 기독교 선교사들은 지배 정치 세력이 아니라 박해당하는 소수였다. 또한 기독교는 어디에선가 시작해 외국 땅으로 퍼져간 유일한 종교가 아님도 기억하라. 기독교를 침략하는 유형으로 바라보려면 이슬람교, 힌두교, 불교, 기타 여러 종교적 신념에 대해서도 동일하게 말해야 한다.

모든 선교사가 거의 같은 결과를 낳는다? 사람의 직업이나 범주를 뭉뚱그리는 시도는 위험하다. "근본주의자들을 조심하세요"라거나 "어릴 적 교회에서 안 좋은 경험을 겪었어요. 그래서 돌아가지 않고 있죠"라는 말이 그렇다. 교회는 수 세기 동안 여러 나라에 수많은 선교사를 파송했다. 그중에는 동일한 사람이 하나도 없다.

어릴 적에 우리 바로 옆 부족의 어느 로마 가톨릭 사제는 일꾼들에게 값싼 담배를 사주곤 했다. 사람들은 담배에 중독되고 나면, 담배를 더 많이 얻기 위해 계속해서 일했다. 반면 나의 부모님은 사위족에게 정직하라고, 도둑질하지 말라고, 수를 세고 글을 읽으라고, 자신만의 일을 시작하라고 가르쳤다. 그 결과 사위족과 접촉을 시도하는 외부인과도 경쟁할 수 있었다. 우리가 제국주의로 고발하는 선교사는 누구이며 고발의 근거가 무엇인지를 구체적으로 밝히자.

선교는 대개 고립된 부족을 대상으로 한다? 선교사가 문화를 파괴한다는 주장은 그들이 주로 외부 영향력이 거의 없는 정령숭배 부족을 대상으로 사역한다고 전제한다. 일부 지역에서는 그런 사역이 선교의 중요한 부분으로 남은 게 맞다. 하지만 오늘날 점점 더 많은 수의 선교사가 불교도, 무슬림, 힌두교인, 세속인에게 집중한다. 파이오니어는 유럽과 북미에 많은 선교사를 두고 있으며, 사역자 대부분은 대도시에서 섬긴다. 지금은 다른 나라 선교사들이 사역을 위해 미국으로 오기도 한다. 선교사가 문화를 파괴한다는 생각은 세계화 시대에 뒤떨어진 것이다.

선교가 끼친 영향은 대개 부정적이다? 앞서 인정했듯이, 선교와 교회 심지어 그리스도의 이름으로 끔찍한 일이 행해졌다. 하지만 그 일은 복음을 사랑하고 성령 충만한 성도에 의한 것이 아니다. 대개 종교를 변명거리나 무기로 사용하는 정부와 기업과 비신자들에 의해 자행되었다. 부당하게 행동한 그룹과 개인, 그들에게도 복음이 필요하다. 그들에게 다가갈 선교사가 많지 않음이 너무 안타까운 일이다.

예수님을 알 소망이 거의 없던 그들이 얻은 영원한 유익은 차치하고서라도, 복음 중심적 선교사들이 세계에 끼친 영향은 사회, 경제, 인권의 기준으로 볼 때 압도적으로 긍정적이다. 식민지 시대, 많은 선교사는 그들이 섬기는 종족을 폭력과 질병으로부터 보호하기 위해 애썼다. 데이비드 리빙스턴은 스코틀랜드 선교사로서 그의 심장은 오늘날 잠비아 땅의 불라(mvula) 나무 아래 묻혀 있다. 사실 그는 19세기에 사하라 이남 아프리카에서 식민주의를 지지했는데, 그 이유는 유럽의 영향력이 부족 간의 전쟁과 잔인한 노예 무역을 끝내리라 소망했기 때문이다.[18] 사회학자 로버트 우드베리는 회심한 개신교도의 선교 활동과 국가의 민주화와의 관계에서 견고한 통계적 연관성이 있음을 밝혀냈다. 그의 결론은 다음과 같다.

"과거 개신교 선교사들이 중요한 존재감을 가졌던 지역은 평균적으로 오늘날 경제 발전이 더 많이 이루어졌다. 상대적으로 양호한 보건 상태를 보이며, 영아사망률이 낮고, 부패도 적으며, 문맹률이 매우 낮고, 교육 성취도(특히 여성을 위한 교육)가 높으며, 민간 단체에 더 열심히 참여한다."[19]

이것은 당시 주류 결론은 아니었다. 아니나 다를까, 당시 논문위원회의 수장은 크게 반발하며 그에게 경고했다. "선교 운동이 자유 민주화에 이렇게 강하고 긍정적인 영향력을 끼쳤다고 주장하다니, 자네는 수많은 학자에게 이런 믿기 힘들고 거슬리는 이야기밖에 해줄 게 없는 건가?"[20] 그럼에도 불구하고 몇 년간의 광범위한 연구 끝에 로버트 우드베리는 결론을 내렸다. "오늘날 발전하는 민주주의를 원하는가? 해결책은 단순하다. 만약 당신에게 타임머신이 있다면, 19세기의 선교사를 파송하라."[21]

예수님은 우리더러 온 세계에 가서 문맹을 깨우치고 그들을 잘 살게 만들고 민주화를 이루라고 말씀하지 않으셨지만, 우드베리의 결론은 선교사가 압도적으로 긍정적인 영향력을 끼쳤음을 보여준다. 선교사가 끼친 영향력 중 자주 간과되는 또 하나의 유익은 언어의 보존이다. 언어는 문화의 숨결이기에 언어의 소멸은 거의 언제나 생활 양식의 상실로 귀결된다. 매사추세츠공과대학의 언어학자인 노빈 리처즈는 언어와 문화의 보존 중요성을 가리켜 이렇게 표현했다.

"맬러시트(북미 원주민—역주)어로만 재밌는 농담이 있고, 라르딜(호주 북부 원주민—역주)어로만 통하는 이야기가 있고, 우파나크(북미 원주민—역주)어로만 아름다운 노래가 있다. … 저 언어들을 잃는 것은, 세계의 아름다움과 풍요로움의 작은 조각을 잃는 것이다."[22]

2019년에 UN은 "세계의 거의 절반인 6,700개 언어가 사라질 위험에 놓여 있다"[23]라고 경고했다. 다음 세대가 국가 공용어로 교육을 받게 되자 많은 소수 언어가 사라졌다. 문어(文語)는 구어(口語)만 있을 때보다 살아남을 기회가 훨씬 더 많은데, 많은 작고 독특한 언어들이 성경 번역에 의해 보존되었다.

한 가지 놀라운 사례가 있다. 우파나크어는 그 언어의 마지막 사용자가 죽은 지 100년이 지난 시점에 다시 돌아왔다. 청교도 선교사 존 엘리엇의 성경 번역 덕분이었다. 엘리엇의 문맹 퇴치 노력의 결과로, 왐파노아그 부족은 질병으로 인구가 크게 줄었을 당시 기록된 서류 더미를 남겼다. 엘리엇이 사역하던 왐파노아그족의 후예인 제시 리틀 도 베어드는 1990년대 매사추세츠공과대학 언어학 프로그램의 일환 중 하나로 그 기록을 사용해서 이 우파나크어를 부활시켰다. 그녀의 딸은 일곱 세대 만에 첫 번째 원어민이 되었고, 다른 6명의 왐파노아그인들도 그 언어를 유창히 사용할 수 있게 되었다.[24] 흥미로운 사실은, 베어드의 왐파노아그 조상 중 1명은 18세기에 선교사들의 사역을 공공연히 반대했다는 것이다.[25]

하나님의 '디렉티브'

하나님은 스타플릿의 피카드 함장보다 훨씬 더 우리의 문화를 사랑하신다. 결국 하나님께서 문화를 디자인하지 않으셨는가. 인류 문화의 다양성은 하나님께 큰 기쁨과 영광을 가져다드린다. 하나님은 노아와 그 후손에게 생육하고 번성하여 땅에 가득하라고 명령하셨다(창 9:7). 그 말씀에 순종했다면 자연스럽게 다양성을 낳았을 것이다. 하지만 그들은 성을 쌓고 한곳에 모여 단일 문화로 남기 위해 싸웠다. 그들은 "온 지면에 흩어짐을 면하"기 원했다(창 11:4). 이에 하나님은 그들의 언어를 혼잡하게 하셨고, 그들을 여러 문화 속으로 흩어지게 하셨다. 하나님의 뜻은 언제나 여러 민족과 언어와 사회가 풍요롭고 다양하게 혼합되는 것이다.

그렇다고 이 땅에서의 삶이 끝나면 당신의 문화적 특징에 작별을 고할 것이라고 예상하지 말라. 요한계시록의 끝부분(예를 들어, 계 21:24)은 삶이 끝난 후에도 여전히 나라와 왕들과 문화들이 있을 것임을 시사한다. 요한은 단순히 하나님의 보좌 주변의 무리를 바라보고는 그들이 "각 나라와 족속과 백성과 방언에서"(계 7:9) 왔음을 알아챌 수 있었다. 우리는 모두 완전해질 것이지만 모두가 똑같아지지는 않을 것이다.

선교는 문화 너머로 복음을 전하는 것이다. 복음은 말 그대로 '좋은 소식'이다. 만약 우리가 예수님의 죽음과 부활이 하나님과 화목하게 되는 유일한 길을 제공한다는 사실을 믿는다면 부끄러워할 필요가 없다.

복음은 모든 문화, 모든 사람을 위한 좋은 소식이다. 슬프게도 많은 사람이 아직 복음을 들을 기회를 얻지 못했다. 우리에게는 "하나님이 세상을 이처럼 사랑하사"(요 3:16)라는 생명을 살리는 놀라운 메시지와 모든 문화를 찾아내 변화시키라는 하늘의 지시인 '프라임 디렉티브'가 주어졌다. 이에 반응하는 사람들을 위한 모험은 우리를 다양한 장벽 너머로 데려갈 것이다.

빛나는 기쁨, 특별한 해후

나의 부모님이 사위족에게 복음이라는 선물을 들고 찾아간 지 50년이 지나서, 나는 아버지와 두 남동생과 함께 내가 자란 마을에 갔다. 우리의 홈커밍데이는 15분 분량의 다큐멘터리로 〈전혀 다른 이야기: 『화해의 아이』 이후의 50년을 기념하며〉라는 제목 아래 기록되었다. 파이오니어 웹사이트와 유튜브에서 시청할 수 있다. 서두에서 언급했듯이, 많은 변화가 갑자기 감지되었다. 그중 한 가지는, 우리가 그들 사진을 찍는 것보다 그들이 우리를 더 많이 찍었다는 점이다!

이보다 더 놀랄 만한 점이 있다. 나는 그곳에 얼마나 많은 어린아이가 함께하는지 주목했다. 50년 전에는 대부분의 아이가 다섯 살을 넘기지 못했다. 노인도 드물기는 마찬가지였다. 사고, 질병, 만연한 폭력 문화가 사위족 조기 사망의 원인이었다. 그들은 끊임없이 서로 싸웠고 주변 부족과 전쟁을 벌였다. 사람을 죽이고 희생자의 인육을 먹었다. 어린아이였던 나는 머리가 희끗한 시위족 남성이나 여성을 본 경험이 없다. 이제 그렇게 오랜 세월이 흘러 마침내 '집으로' 돌아온 나는 다양한 연령대와 많은 사람들의 건강한 얼굴에서 빛나는 기쁨을 보고 놀라고 말았다.

나에게 깊은 인상을 남긴 또 하나는 수십 년간 사용하지 않았음에도 여전히 내가 이해할 수 있던, 그들 언어의 아름다움이었다. 거의 모든 사람이 국가 공용어인 인도네시아어를 사용했지만, 그들은 가능할 때마다 부족어 구사하기를 더 좋아했다. 신약성경이 사위어로 번역되었고 많은 찬송가가 만들어졌다. 교회의 예배는 그들의 모국어와 문화를 보존하는 데 선한 영향력을 제공했다. 그들의 유머와 놀라운 표현법을 들을 수 있다니 얼마나 축복인가! 하나님도 이 일을 기뻐하신다는 생각, 그리고 이 부족이 다른 모든 종족과는 구별되는 특별한 방법으로 영광을 돌리게 하셨다는 생각이 들었다.

사위족 여성들은 그들이 몹시도 사랑했던 나의 어머니에 대한 소식을 궁금해하며 안부를 물어왔다. 간호사였던 어머니는 많은 생명을 구했고 그들의 출산을 도왔다. 사위족은 어머니를 '모든 사람을 건강하게 해주는 여인'이라고 불렀다. 그들이 어머니의 소천에 애도를 표하는 것을 들으며, 나는 우리의 관계가 하나님의 가족이라는 이름 안에서 얼마나 깊이 형성되었는지 다시 느꼈다. 문화를 뛰어넘어 그리스도와의 연합을 경험하는 특별한 기쁨이었다.

그곳에 모인 이들은 사위족만이 아니었다. 이전에는 원수였고 잔인한 식인 문화의 희생자이기도 했던 다른 네 부족을 초대해 함께 누렸다. 50년 전, 용기있게도 우리 가족을 카누에 태워 마을에 데려다준 카야가르족 남자들은 이번에는 수상 비행기로 해안까지 우리를 호위했다. 그들은 그때 우리 가족을 바로 그곳까지 데려다주기 위해 처음으로 적의 영토에 들어가야 했다. 당시 목숨에 위협을 느낀다는 상징으로 카누에 창과 화살을 달아놓았던 이 부족은 이제 서로 평화롭게 사귐의 관계를 잇고 결혼하고 예배한다. 그들은 더 이상 이웃에 대한 공포 속에 살지 않기 때문에 나무꼭대기에 집을 짓는 번거로움을 감수하지 않는다. 복음은 공동체를 나누고 파괴하던 분노와 복수의 악순환을 끊어냈다. 다섯 부족은 함께 복음 메시지를 훨씬 먼 곳까지 전하기로 결단했다.

다른 많은 곳과 마찬가지로 선교사들은 자신의 불완전성, 결핍, 유별스럽다고 불리는 모습 그대로 이곳에 왔다. 하지만 돕는 분이신 성령님과 함께, 성경이라는 기준과 겸손한 마음도 들고 왔다. 하나님은 그분의 영원한 영광을 위하여 이 불완전한 도구를 사용하셔서 하나 이상의 언어와 문화를 쓰던 사람들을 새로운 피조물로 만드시고 또 하나의 공동체를 세우셨다.

어릴 적부터 함께 자랐고 이제는 교회의 장로로 섬기는 사위족 친구는 이렇게 잘 요약했다. "우리는 살아 있는 한 복음에 신실할 것입니다. 복음은 우리에게 전부입니다."

핵심 정리

　선교사가 유익보다는 해를 끼쳤다는 오해가 아무리 팽배하다 해도 그 오해가 하나님께서 우리에게 주신 과업에 정진하는 일을 막을 수 없다. 선교가 전 세계 모든 민족과 문화를 위한 생명줄이라는 것은 진리다. 선교사로의 부르심은 신학적 기초(인간의 타락, 하나님의 예비하심, 청지기로서의 특권) 위에 놓인다. 하나님은 우리를 창조하셨고, 큰 계획을 가지고 계셨으며, 땅의 모든 민족에게 전할 소망의 메시지를 주셨다. 우리가 다른 문화에 진지한 관심을 품고 있다면, 지상명령에 순종하는 일은 우리가 할 수 있는 가장 큰 사랑의 행위다. 우리의 주된 질문은 더 이상 "선교는 할 가치가 있는가?"가 아니라 "하나님을 영화롭게 하고 생명을 살리는, 우리에게 맡겨진 이 급진적인 메시지를 정당하게 대우하고 있는가?"여야 한다.

　선교가 해를 끼친다는 고발에 대답하는 데는 정확한 정의, 상황에 대한 더 완전한 이해, 그릇된 가설에 맞설 연구가 필요하다. 세계 선교의 핵심 과업과 때때로 자행되던 민족주의적인 그릇된 방식은 반드시 구별해야 한다. 교회와 복음 전달자는 완벽하지 않지만 하나님은 우리를 통해 일하기로 결정하셨다. 역사의 흐름에서 수많은 사람이 그 동기가 참되든 거짓되든 기대에 미치지 못했다. 그런 현실로 우리의 책임에 대해 움츠러듦으로써 부지불식간에 그들처럼 되어서는 안 된다. 불완전하게 선교한다는 사실이 우리가 선교하지 않도록 막아서는 안 된다.

　세상이 우리의 선교적 노력을 지지하지 않는다고 해도 놀라지도 좌절하지도 말아야 한다. 예수님은 우리를 미워하는 자들을 만나게 될 것이라고 경고하셨다(요 15:18-20). 선교사는 말씀에 계시된 대로 하나님의 사랑과 성령님의 인도를 받을 만큼 세계 문화와 사람들의 가장 좋은 친구다. 선교사는 원주민 문화의 열정적인 지지자다. 그들의 언어를 말하고, 병든 자를 치료하며, 궁핍한 자를 돌보고, 불가피하게 근대화되는 과정에서도 그들 곁에서 도왔다. 선교사가 끼친 영향력은 주 예수님의 신실한 제자 수억 명의 삶에서 발견할 수 있다. 세상의 모든 그리스도인과 교회는 궁극적으로 선교사의 사역으로 거슬러 올라간다.

선교는 순수한 형태에서 발현되는 최고의 희생이다. 이기심이나 제국주의가 아니다. 예수님께서 하늘 보좌를 떠나 이루신 일을 보여주는, 성육신 사역의 표현이다. 예수님은 인간의 문화로 성육신하시고 우리의 구원을 위해 자신을 희생하셨을 때 결국 '프라임 디렉티브'를 위반하셨다. 우리의 책임은 '행성'을 간섭하지 않고, 내버려 두는 것이 아니다. 우리에게 지상명령을 주신 분명한 이유는, 온 땅의 민족을 있는 모습 그대로 보존하시기엔 하나님께서 그들을 너무 사랑하시기 때문이다.

▸ 토론을 위한 질문

1. '선교사'라는 단어가 당신의 머릿속에 어떤 당혹감이나 불명예를 떠오르게 하는가? 만약 그렇다면, 그 이유가 무엇이라고 생각하는가?

2. 예수님은 어떤 의미에서 선교사이셨는가? 예수님은 주변 문화와 어떻게 연관되셨는가?

3. 누군가의 문화에 도전하거나 변화시키기에 적합한 시기는 언제라고 생각하는가?

Is The Commission Still Great?

7장

선교는 쇠퇴의 길에 들어섰다는 오해

우리의 비전은 우리가 누구인지, 왜 여기 있는지,
어디로 가는지에 관한 것이 아니다.
오히려 그리스도가 누구신지, 왜 여기 계신지,
어디로 가시는지에 관한 것이다.
왜냐하면 우리가 그분을 따르기 때문이다.

_ 데이비드 브라이언트

> 오해 7. 선교사는 큰 영향력을 미치지 못했으며 세계 인구가 늘어남에 따라 설 땅을 잃어가고 있는지도 모른다. 우리의 전략은 통하지 않았다.

보우에 오슬란드와 마이크 호른은 2019년 9월 11일에 북극의 얼음 판을 스키로 건너는 여행을 시작했다.¹ 오슬란드는 이미 두 차례나 북극을 스키로 다녀왔고 호른은 남극을 횡단했기에 두 사람은 자신이 있었지만 앞에 닥칠 일은 예측하지 못했다. 그들은 11일 동안 끊임없이 이어신 일몰에서 스키를 탔고, 두 달이 넘도록 암흑에서 스키를 탔다. 둘은 각각 186킬로그램의 필수품을 실은 썰매를 끌고 있었다. 그들의 목표 속도는 하루에 18킬로미터를 가는 것이었지만, 고군분투하는 여정에서 8킬로미터씩 나갈 뿐이었다. 얼음판 위 길게 갈라진 틈은 예상했던 것보다 더 넓고 많아, 고무보트를 타고 썰매를 견인하면서 물길을 헤치고 나아가야 했다. 동상과 감염으로 두 손은 무용지물이었다. 하지만 그들의 탐험에는 더 심각한 문제, 보이지 않는 위협이 남아있었다. 얼음판이 그들과 반대로 움직이고 있던 것이다.

북극에는 땅이 없다. 오슬란드와 호른은 자유롭게 떠다니는 얼음판 위로 북극해를 건너고 있었다. 그들은 공항의 무빙워크를 걷듯이 해류가 그들의 진행을 가속하는 전략을 세웠다. 하지만 이내 깨달았다. 얼음층이 너무 얇아 예측 가능한 해류가 아닌, 바람에 의해 움직이고 있음을 말이다. 게다가 바람은 그들과 반대로 불고 있었다. 휴식을 위해 멈출 때마다 그들은 왔던 길로 다시 밀려나야 했다. 11월 14일에는 폭풍우가 그들을 덮쳐 28킬로미터나 되돌아가야 했다. 그다음 3일 동안은 밤마다 바람에 날아갔기 때문에 매일 위도 86도를 넘어야 했다.

당신은 발밑의 땅이 거꾸로 움직인다는 느낌을 받아본 경험이 있는가? 나는 자바섬에서 가장 높은 화산인 세메루를 등반한 경험이 있다. 가파른 비탈이 모래와 드문드문한 자갈로 덮여있었다. 앞으로 나가는 걸음마다 산 밑으로 미끄러지는 것을 발견했다. 때로는 선교가 그렇게 느껴질 수 있다. 수만의 선교사들이 파송을 받았지만 여전히 수천의 종족이 미전도 종족으로 남아있다. 교회가 성장하고 있지만, 그렇게 세계의 인구도 증가한다. 매일 미전도 종족 사람들이 태어난다. 그것이 곧 복음이 설 땅을 잃었다는 뜻일까? 우리의 전략은 결함이 있고 노력은 열매가 없는 것일까? 얼음판이 거꾸로 가고 있는 건 아닌지, 시각적인(혹은 통계적인) 환상에 불과한 건 아닌지, 어떻게 확신할 수 있을까?

좌절을 안기는 통계

세계 선교의 놀라운 현실은 아직 해야 할 엄청난 양의 일이 남아있다는 것이다. 조슈아 프로젝트는 7,387개의 미전도 종족이 있는데 이는 세계 인구의 42퍼센트를 차지한다고 밝힌다.[2] 그 미전도 종족 중 4,996개의 종족은 그리스도인 비율이 0.1퍼센트 미만이고, 바로 설 수 있는 복음의 증인이 없다.[3] 2021년 9월 국제선교이사회(IMB)는 347개의 종족(1,200만 명 이상)을 복음주의 그리스도인이나 교회가 없고, 의미 있는 복음 전도용 인쇄물이나 디지털 미디어 자료가 없는 곳으로 간주했다. 더 나아가 4,770개 종족(10억 명 이상)은 복음주의자 비율이 2퍼센트 미만이고, 적극적인 교회 개척 노력이 (있다 해도) 거의 없다.[4] 위클리프 성경 번역가들은 1,800개 언어에 대한 성경 번역 사역이 아직 시작조차 하지 못했다고 추정한다.[5]

좌절감을 안기는 또 하나는 기독교가 세계 일부 지역에서 후퇴한다고 보는 통계다. 예를 들어 이라크에서 그리스도인 공동체는 20년 전보다 83퍼센트나 줄었다. 2003년에는 150만 명이었는데 오늘날에는 25만 명에 불과하다. "이라크에서 기독교는 … (세계에서 가장 오래된 교회는 아니어도) 가장 오래된 교회 중 한 곳이 위태롭게도 절멸을 앞두고 있다"라고 최근 이르빌(이라크 북부의 마을—역주)의 대주교가 한탄했다. "남아있는 우리는 순교를 각오해야 한다."[6] 『세계 기독교 백과사전』에 의하면 이렇다.

> "기독교의 위축을 보여주는 가장 중요한 사례는 북아프리카–서아시아 지역이다. 거기에는 이라크, 시리아, 이스라엘, 팔레스타인, 튀르키예가 포함된다. 이 지역은 20세기와 21세기에 엄청난 압박 아래 있었고, 2020년에 12.7퍼센트에서 4.2퍼센트로 기독교 인구의 가파른 감소를 경험했다. 특히 튀르키예의 경우 1900년에는 22퍼센트였던 기독교 인구가 오늘날에는 0.2퍼센트밖에 되지 않는다."[7]

이런 통계는 내가 읽고 싶지 않은 종류다. 어떤 데이터에 기반하면, 지상명령을 성취하기에 갈 길이 멀 뿐만 아니라 일부 지역에서는 지상명령이 설 자리를 잃었다고까지 말하는 결과가 나올 수 있다. 『세계 기독교 백과사전』은 상황을 다음과 같이 요약한다. "기독교 세계의 비율은 지난 120년 동안 거의 변하지 않았다. 1900년에는 세계의 34.5퍼센트가 그리스도인이었고, 2020년에는 그 수치가 32.3퍼센트다."[8] 부지불식간에 교회 안에 선교의 실패에 대한 오해가 퍼졌다. 이는 새로운 선교 도구와 전략을 옹호하는 자들에 의한 것이다. 그

> "선교가 쇠퇴하고 있다는 주장은 수십 년간 시도해온 낡은 전략을 재고하게 만든다는 점에서는 유익하다. 많은 재정과 시간이 효과 없는 사역에 반복해서 사용되고 있다."
> - 선교사

들은 종종 옛 방식이 부적절했음을 설명하는 것으로 시작한다. 해결책을 발견했다고 주장하는 책의 첫 페이지는 선교의 현재 상태를 가장 실망스럽게 요약한다. "우리가 올바른 전략을 추구했더라면…" "지금은 결국 그 열쇠가 발견되었는데…" 이 말인즉슨, 다음 새로운 견해가 생각날 때까지 이 순환은 계속된다는 뜻이다. 이는 하나님의 백성을 좌절하게 만든다. 교회는 이리저리 떠다니는 얼음판 위에서 예측하지 못했고 파악하지도 못한 바람에 의해 거꾸로 미끄러질 것인가?

겨자씨같이 천천히 그러나 거침없이

선교학적 절망에 빠지기 전에, 남은 사역 규모가 전면적 실패를 시사할 필요가 없는 그 가능성을 헤아려 보자. 하나님은 우리가 온전히 이해하지 못할 그림을 그리고 계시다. 우리가 가진 것은 제한된 시야와 시간, 하나님의 걸작품인 사람들, 캔버스에서의 우리 위치뿐이다. 하나님은 놀라운 분이시고 그분의 계획은 구불구불 복잡하게 이어진다.

역사의 모든 순간에 어떤 교회는 강했고 어떤 교회는 약했다. 사실, 선교는 그 시작점부터 가능성이 없어 보이는 일이었다. 고든 올슨은 지상명령을 처음 받은 제자들의 상황을 이렇게 묘사한다. "그들의 리더가 일반 죄수처럼 십자가형을 당했다. 그의 수석대변인은 그분을 모른다고 부인했다. 나머지 제자들은 불행히도 도망간 겁쟁이들이었다."[9]

승리 공식은 아닌 것 같지만, 저 11명의 제자가 세상을 바꾸었다. 어떤 성도와 교단과 교회는 항상 어려움을 겪고 해체에 이르는 한편, 어떤 성도와 교단과 교회는 성장한다. 애즈버리신학대학원의 티머시 테넌트 박사는 이렇게 말한다. "유럽에서 가장 큰 교회들은 아프리카계 그리스도인의 목양을 받고 있다. 북미에서 가장 빠르게 성장하는 교회들은 소수민족 교회다. 글로벌 기독교는 사실상 북반구 갱신을 위한 가장 큰 힘이다."[10] 용기를 가지라. 아버지는 아들을 위해 흠 없는 신부를 신실하게 준비하고 계시다.

어떤 특별한 상황에서 우리가 무엇을 보게 될지 모르지만, 세계 교회는 개별 성도 차원에서뿐만 아니라 다양한 종족 그룹 차원에서도 역사의 어느 시점보다 빠르게 성장하고 있다. 『세계 기도 정보』는 복음주의 교회가 5억 4,600만 명, 즉 세계 인구의 7.9퍼센트를 포함하며 연간 2.6퍼센트의 성장률을 보인다고 추정한다.[11] 그것은 세계 인구 증가율(2020년에는 1퍼센트를 조금 넘는다)의 2배 이상이다.[12] 『세계 기독교 백과사전』은 "세계 복음주의자의 숫자는 1970년 1억 1,200만 명에서 2020년 3억 8,600만 명으로 증가했다"[13]라고 말한다. 국제선교이사회는 적극적인 교회 개척이 2,100개 미전도 종족에서 이루어지고 있다고 추정한다.[14] 몇 가지 하이라이트를 살펴보자.

아프리카: 복음주의 교회는 1900년 160만 명에서 2010년 1억 8,200만 명으로 성장했다.[15]

라틴아메리카: 복음주의 교회는 1900년 70만 명에서 2010년 7,100만 명으로 성장했다.[16]

아시아: 개신교, 독립 교단, 성공회의 교인이 1900년 300만 명에서 2010년 2억 명으로 증가했다.[17]

유럽: 복음주의자들이 세계 인구 증가율에 맞게 연간 1.1퍼센트의 성장률로 증가하고 있다.[18]

국가 차원에서도 고무적이다. 1966년 네팔에는 500명의 그리스도인이 있을 뿐이었으나, 1998년까지 네팔 교회는 20만 명 이상으로 성장했다.[19] 2010년 『세계 기도 정보』에 따르면 네팔은 83만 8,000명의 복음주의자들의 고향이고 연간 5.3퍼센트의 성장률을 보여준다고 추정했다.[20] 1960년과 2010년 사이에 페루의 복음주의자들은 '폭력과 사회적 붕괴'의 상황에서 750명의 복음주의 지도자가 순교를 당하고 다른 많은 이들이 감옥에 갇혔음에도 불구하고 40배나 증가했다.[21] 같은 50년 동안, 브라질 복음주의 교회는 인구의 2.9퍼센트에서 26.3퍼센트로 성장했다.[22] 2016년 『포브스』 어느 사설은 수십 년간 대규모 박해

7장 선교는 쇠퇴의 길에 들어섰다는 오해 / 165

지속에도 불구하고 북한에 30만 명에서 50만 명에 이르는 성도가 있을 것으로 추정했다.[23]

이란의 1979혁명 여파로 복음주의는 불법이 되었고 선교사는 추방당했으며 페르시아어 성경은 금지되었다. 이란에 있던 500명의 성도는 외부의 자원과 지원을 받지 못한 처지에 놓였다. 그러나 이란 교회는 움츠러들기보다는 번창했고 2015년에는 세계에서 가장 빠르게 성장하는 복음주의 교회로 묘사되었다. 이란인들은 아프간에 가서 복음을 전하는 일에 중요한 역할을 담당했고, 아프간은 그 해에 두 번째로 빠르게 성장하는 복음주의 교회가 되었다. 복음 연합은 "지난 20년 동안, 이슬람이 이란에 들어온 이후의 13세기를 다 합한 것보다 더 많은 이란인이 그리스도인이 되었다"라고 추정했다.[24]

분명하게도, 성령님은 지난 세기 동안 그분의 교회를 통해 권능의 일을 행하셨다. 이 일은 아직 끝나지 않았다. 성장이 종종 감추어지는 이유는 하나님께서 살며시 일하시기 때문이다. 하나님은 자주 조용히 일하시고 사람을 구원하시고 교회를 세우신다. 하나님은 평범한 눈으로는 그분의 일하심을 알아채지 못하게 하시는 놀라운 능력을 지니셨다. 하나님 나라는 겨자씨와 같이 천천히 자라지만 거침없이 성장한다.

1970년대 후반, 나는 수요일마다 등교 전 기도 모임에 가서 중국 교회를 위해 기도했다. 우리는 중국에서 영적으로 무슨 일이 일어나고 있는지 아는 바가 거의 없었지만, 하나님께서 권능의 일을 행하시기를 기도했다. 몇 년 후, 중국이 세계에 다시 문을 열었을 때 우리는 중국 교회가 정부의 강도 높은 박해에도 불구하고 1949년 100만 명에서 1980년 400만 명으로 성장했음을 알고 깜짝 놀랐다.[25] 2021년에 『세계 기독교 백과사전』은 중국 교회를 5,600만 명이 있는 강한 교회로 묘사했다.[26] 어떤 이들은 그보다 훨씬 더 많다고 추정한다. 예를 들어 『세계 기도 정보』는 그 숫자를 8,000만 명 이상이라고 제시한다.[27] 현대라는 시대에 우리는 세계에서 일어나는 일을 다 안다고 생각한다. 하지만 우리가 보지 못하는 일이 여전히 많다. 하나님께서 모든 위장을 걷으실 날이 올 것이다. 그때까지 우리는 바람이 거슬러 분다고 느껴지더라도 그분의 계획을 소망하고 신뢰할 것이다. "하나님은 손자녀가 없으시다"라는 옛 표현에 진리의 핵심이 들어있다. 모든 세대가 복음으로 재무장되고 훈련되어야 한다. 이 점에서 나는 필립 얀시의 논평을 감사히 여긴다.

"하나님은 신비로운 방식으로 움직이신다. 문자 그대로 장소의 이동이라는 의미에서 그렇다. 사도 바울 시대에 급성장하던 교회들을 방문하려면, 당신은 무슬림 가이드 혹은 무슬림 고고학자를 고용해야 할 것이다. 신성 로마제국과 종교개혁의 땅 서구 유럽은 이제 지구상에서 가장 종교적이지 않은 곳이 되었다. … 반면, 역사상 가장 위대한 숫자적 부흥이 지난 반세기 동안 중국에서 일어났다. 중국이야말로 공식적으로 가장 최근까지 무신론의 나라가 아니었던가. 가장 억압적인 나라가 아니었던가. 이상도 하다."[28]

하나님은 그분의 구원 계획을 우리에게 설명해주셨지만 이를 위해 사용하실 시간표나 방법은 설명하지 않으셨다. 지상명령이 성취되는 과정을 보여주는 또 다른 예는 세상에서 (그린란드 다음으로) 두 번째로 큰 섬인 뉴기니와 관련된다. 뉴기니와 주변 섬들은 세계 언어 5분의 1이 모인 곳이다. 70년 전에 뉴기니의 1,300개 언어 종족 중 몇몇이 교회를 받아들였다. 그 숫자에 대한 이해를 돕기 위해 덧붙이자면, 만약 당신이 2초마다 한 종족의 이름을 말한다면 복음이 필요한 종족의 목록을 읽는 데만 1시간이 걸릴 것이다. 오늘날, 그 가운데 그들만의 교회가 없는 종족을 알지 못한다.

어떻게 이런 일이 일어났는가? 40여 기관에서 온 선교사들이 현지 성도들과 함께 수십 년 동안 열심히 복음의 씨앗을 심고 물을 주었기 때문이다. 이 수천의 교회를 추적해 올라가면 하나같이 다 하나님의 백성이 지금까지 쏟았던, 부지런하고 조화로운 선교적 노력에 닿을 수 있다.

최근 미전도 종족을 복음화하는 데 엄청난 가속이 붙었다. FTT(미완성 선교적 과업 완수 운동—역주)에 의하면, 2005년과 2020년 사이 3,158개 종족이 5,159개 선교 팀에 의해 처음으로 복음을 접했다.[29] 우리는 진실로 주목할 만한 시대를 산다. 문화의 경계를 넘는 선교사를 모든 미전도 종족에게 파송하는 일을 우리 생애에 달성할 수 있다. 추수의 주님께서 열방 가운데서 그분

"밖에서 보면, 선교가 쇠락하고 있는 것처럼 보일 것이다. 하지만 현장에서 보면, 하나님은 일하고 계시다."

— 선교사

의 자녀를 구원하신다. 우리는 이 땅의 모든 종족에게 선교사를 파송하는 일에 위대한 진전을 이루고 있다.

땅의 조급함이 아닌 하늘의 절박함으로

미국 파이오니어 동원 본부에서 처음으로 리더 역할을 맡게 되었을 때, 다른 선교단체의 리더가 나에게 전화했다. "미전도 종족이 더 이상 없다는 걸 알게 되기까지 그리 오래 걸리지 않을 걸세"라며 덧붙였다. "그 후엔 파이오니어가 무엇을 할 건가?" 아마도 그는 내가 너무 빨리 일자리를 잃을까 걱정했나 보다! 나는 그를 안심시켰다. "내 생각엔 자네가 생각하는 것보다는 좀 더 걸릴 것 같아. 때가 되면 기쁘게 그 문제를 고민하겠지." 20년도 더 된 이야기다.

때로는 세계 선교에 대한 열정 때문에 지상명령의 진전에 대해 과장하곤 한다. 긍정과 냉정을 적절히 조합해서 하나님께서 이루신 일을 찬양하는 것과 얼마나 많은 일이 남았는지 기억하는 것 사이에서 균형을 유지하기란 어렵다. 매년 후원자들에게 보고할 때 성과를 과장하고 싶은 유혹에 빠진다. 때로는 무심코 결과를 부풀리기도 한다. 몇몇 기관은 서로 협력한 후 같은 사례를 따로 보고해 실제보다 더 많은 사람이 세례를 받거나 더 많은 교회를 개척한 것 같은 인상을 줄 수도 있다. 새 신자는 열심히 합치고, 오지 않는 사람은 제외하지 않기도 한다. 종종 실제보다 더 큰 영향력을 끼쳤다고 믿는다. 우리는 영향력을 평가하기 위해 추수를 측량하고 싶어 한다. 하지만 하나님의 계획하심에는 여러 계절이 있다. 씨앗이 성장을 중단한 계절도 있을 것이다. 예를 들어 이란과 같은 추수를 보기까지, 사우디아라비아에서 얼마나 오랫동안 씨앗을 심고 물을 주어야 할까?

우리 세대는 세계 여러 종족에 관해서 인종학적, 지리학적 정보가 많다. 선교 중심적 그리스도인들은 각 종족이 교회 개척 팀과 연결되었는지, 〈예수〉 영화를 가지고 있는지, 외부에 알려진 성도가 있는지, 그들의 언어로 얼마나 많은 성경이 번역되었는지, 기타 중요한 특징이 무엇인지를 알 수 있는 데이터베이스를 구축했다. 그런 도구는 필요를 파악하고 사역자를 파송할 때 매우 유용하다. 하지만 우리가 대체 어디까지 왔는지를 현실적으로 살펴보자.

예를 들어, 교회가 미전도 종족을 입양할 때 축하해주는 것은 옳다. (우리는 이 일을 더 많이 보고 싶다!) 하지만 그 소식이 종족에 속한 모든 사람이 이미 복음을 들었다는 의미는 아니다. 〈예수〉 영화가 또 하나의 언어로 번역되었을 때 그것은 중요한 축하 명분이다. 그렇다면 사람들이 영화를 보고 그 결과로 그리스도를 믿게 될지 어떻게 확신할 수 있는가? 예수님께서 명령하신 모든 것을 가르쳐 지키게 할 사람은 누구일까? 이 예는 모두 어려운 목표를 달성하려면 이정표가 필요함을 보여준다. 궁극적으로 지상명령은 성숙한 제자를 만드는 것과 관련한다. 앞으로 내딛는 걸음마다 용기를 얻되 큰 그림에서 시선을 떼지 말자.

성경은 결과물을 헤아리는 것에 반대하지 않는다(사도행전은 종종 교회의 수적이고 지리적인 성장을 언급한다). 하지만 지상명령이 얼마만큼 성취되었는지 측정하는 것은 필요하다. 그것은 애정, 진실성, 기도 그리고 장기적이며 성경적인 관점을 요구한다. 제자도는 정량화하기가 힘들고 어렵다. 수십 년간 주님과 동행해온 성도들도 여전히 가르침과 교정이 필요하다. 그러나 저 멀리 적대적인 환경에 놓인 햇병아리 교회들은 어떻겠는가? 때로는 제자들조차도 예수님께서 더디시다고 느꼈다. "그들이 모였을 때에 예수께 여쭈어 이르되 주께서 이스라엘 나라를 회복하심이 이 때니이까"(행 1:6). 제자들은 예수님께서 활동을 개시하시고 새로운 행정부에서 지휘권을 맡으실 때까지 기다리는 일이 매우 힘들었다.

우리는 매우 큰 퍼즐의 아주 작은 한 조각일 뿐이다. 하나님께서 영광을 위해 우리를 사용하실 때 머리가 되려고 하지 말자. 내가 아는 복음 전도자 중 가장 많은 열매를 맺는 사역자인 세티아는 이름이 하나다. 웨스턴 유니언(미국의 전보 회사—역주)은 송금을 위해 성(姓)을 요구하는데, 아내와 나는 문자 그대로 "세티아 노 네임"(Setia no-name) 앞으로 매달 헌금을 보낸다. 나는 그게 좋다. 모두가 기꺼이 무명으로 섬기기를 바란다. 지상명령에 대한 우리의 기대치에 관하여 말하자면, 세계 복음화는 하나님의 시간표대로 일어난다. 땅의 조급함이 아니라 하늘의 절박함으로 섬기자. 바람이 거슬러 불지 모르지만, 우리는 이리저리 떠다니는 얼음판 위에서 거꾸로 표류하고 있는 게 아니다. 결국 우리의 발밑에는 견고한 땅이 있다. 선교는 하나님의 권위와 권능에 뿌리내린다.

전진이 후퇴로 느껴질 때

지상명령의 성취 과정이 항상 명확히 눈에 보이지 않는 한 가지 이유는 그렇게 복잡한 노력을 측량하기 어렵기 때문이다. 문화는 대개 뚜렷한 경계선이 없고 언어도 마찬가지다. 인도는 특히나 까다로운 환경인데, 매우 많은 카스트 계급과 범주가 있기 때문이다. 한 그룹은 어디에서 끝나고 다음 그룹은 어디에서 시작할까? 문화의 경계를 넘는다고 표현하기 전에 그들 안에서도 언어와 세계관이 얼마만큼이나 벌어져 있는 걸까?

미전도 종족에게 첫 번째로 도달한 선교사는 그들이 생각한 '한 종족'이 사실상 다른 방언과 사뭇 다른 하위문화를 가진 5개의 공동체라는 사실을 발견하곤 한다. 세계 선교를 향한 한 걸음 전진이 미전도 종족의 목록에서 네 걸음 후퇴로 여겨지는 순간이다. 그 과정은 전진으로 보이지 않는다.

명확한 정의는 서로 다르겠지만, 대체로 선교학에서는 인구의 2퍼센트 미만이 신앙을 고백하는 그리스도인일 때 그들을 미전도 종족으로 분류한다. 이 결정적 성도 집단이 자기 공동체의 나머지 사람들에게 복음을 전하고 제자 삼는 일을 지속할 힘을 가질 것이라고 믿는다. 어떠한 상황에서 무슨 일이 일어날지는 오직 하나님만이 아시지만, 2퍼센트는 교회 개척에 필요한 결정적 집단으로 볼 수 있는 최적의 추정치다.

2퍼센트는 인구의 적은 부분이지만, 대다수의 종족에게는 여전히 큰 숫자를 의미한다. 예를 들어, 세계에서 가장 큰 미전도 종족 중 하나인 방글라데시 샤이크족은 1억 2,500만 명 이상이다.[30] 요나만큼의 효율성으로 니느웨 규모의 반응을 보이는 복을 누리는 선교사가 샤이크족에게 파송되어 10만 명의 성도로 교회를 세운다 해도, 그 규모는 전체 인구의 0.1퍼센트보다도 적다. 미전도 종족에서 벗어나려면, 250만 명의 샤이크인이 복음을 받아들여야 한다. 사람의 관점으로 보면, 적어도 그렇게 큰 규모의 교회 공동체가 형성되려면 수십 년이 걸릴 것 같다. 샤이크족과 수천의 다른 종족이 미전도 종족으로 남아있다는 사실이 하나님께서 일하지 않으신다거나 선교사들이 무능하다는 뜻이 결코 아니다. 그것은 단순히 그리스도인의 과업이 아직 끝나지 않았다는 뜻이다.

앞서 언급했듯이, 과거 기독교 신앙의 중심지였던 곳이 이제는 선교지라는 데는 의문의 여지가 없다. 하지만 그 사실이 반드시 세계 교회가 전반적으로 위축했다는 뜻은 아니다. 중동과 중앙아시아에서 그리스도인 숫자가 줄어든 것은 그곳의 많은 그리스도인이 박해를 피해 다른 나라로 이동했기 때문이다.

7장 선교는 쇠퇴의 길에 들어섰다는 오해 / 173

사도행전 8장 4절의 예루살렘 교회처럼 "그 흩어진 사람들이 두루 다니며 복음의 말씀을 전"했다. 그들의 흩어짐이 일보 후퇴처럼 보일지 모르지만, 우리는 그것이 복음을 확산시키시는 하나님의 전략 중 일부라고 믿는다.

데이터를 해석한다는 것

세계 선교에 관한 데이터를 측량하는 일이 그렇게 어렵다면, 인생과 자원을 어디에 투자해야 하는지에 어떻게 좋은 결정을 내릴 수 있을까? 기독교의 현 위치에 관한 보고서와 교회의 상황에 관한 보고서를 분별하는 것이 도움이 된다.

사람들이 기독교가 성장하지 않고 있음을 말할 때, 그들은 그리스도의 몸 된 교회보다는 소위 '기독교 국가'(Christendom)라 불린 것을 가리킬 때가 많다. 여기서 기독교 국가란 정치적 정체성과 종교적 정체성이 혼합된 것이다. 구원하는 믿음보다는 사회문화적인 단어에 더 가깝다. 나는 기독교 국가에는 관심이 없다. 교회에 관심이 있을 뿐이다. 그리스도에 대한 신앙을 고백하고 성령님의 역사로 말미암아 거듭난 사람들 말이다. 나는 얼마나 많은 나라의 인구가 스스로를 그리스도인이라고 밝히는지보다 얼마나 많은 종족이 재생산이 가능한 건강한 교회를 가졌는지에 더 관심이 간다. 우리의 과업은 사람들이 인구 조사에서

'그리스도인'이라고 표시하게 하는 것이 아니라 성숙한 제자를 세우는 것이다.

『세계 기도 정보』는 2010년에 복음주의 성장률은 2.6퍼센트인 반면 기독교의 성장률은 1.2퍼센트에 그친다고 추정했다.[31] 그건 큰 차이다. 저자는 통계적인 분석을 위해 "『세계 기도 정보』의 수치에서 신학적 정통주의는 '기독교'라는 이름표가 아니라 '복음주의'라는 이름표로 표시된다"라고 설명한다.[32] 복음주의의 정의는 다소 다르지만 『세계 기도 정보』를 인용하면, 대개 4가지 기준을 포함한다.

주 예수 그리스도가 유일한 구원의 원천이시고 구원은 그분을 믿는 믿음을 통해 이루어진다. 이는 십자가 죽음과 부활에 의해 승인되었다.

개인의 믿음과 회심은 성령님에 의해 거듭남으로써 이루어진다.

신앙과 그리스도인의 삶을 위한 궁극적 기초이자 권위로서 하나님의 말씀을 인정한다.

다른 이들을 그리스도에 대한 믿음으로 인도하는 성경적인 증거, 전도, 선교에 헌신한다.[33]

오직 하나님만이 누가 진실로 "위로부터 났는지"를 아시지만, 세계 교회의 흐름 속에서 통계로도 드러난다. 복음주의라는 범주가 대개 가장 가깝다. 범주를 부주의하게 뒤섞으면 불필요하게 암울한 그림을 그릴 수 있다. 예를 들어, 유럽이 한때 기독교 대륙이었는데 이제는 세속주의에 빠져버렸다고 받아들이면, 유럽의 상황은 암울해 보인다. 하지만 이보다 앞서, 유럽의 곳곳이 과연 폭넓게 복음화된 게 맞는지 강한 의구심이 든다. 스스로를 무신론자라 표명하는 명목상의 그리스도인들이 일어난다고 해서 참된 교회가 위축되고 있다는 뜻은 아니다. 그런 불신자들은 과거보다 더 많이 잃어버린 바 된 게 아니다. 어떤 면에서 이제 그들은 사실상 더 쉽게 눈에 띄고 더 쉽게 접근할 수 있다.

> "하나님의 손이 세계 선교에 함께하신다는 균형과 진리를 담은 설명을 모든 교회에서 더 많이 공유해야 한다. 죄와 부정적인 소식의 무게가 선교에 대한 교회의 열정을 꺼뜨리기 때문이다."
> _ 교회 지도자

성공을 정의한다는 것

지상명령이라는 과업이 너무나 방대하고 복잡하기에, 하나님은 우리에게 추수를 바라볼 수 있는 하나 이상의 틀을 주셨다. 마태복음 24장 14절 같은 구절은 민족을 강조하는 다문화적 명령이다. "이 천국 복음이 모든 민족에게 증언되기 위하여 온 세상에 전파되리니 그제야 끝이 오리라." 사도행전 1장 8절은 지리적인 렌즈를 제공한다. "오직 성령이 너희에게 임하시면 너희가 권능을 받고 예루살렘과 온 유대와 사마리아와 땅끝까지 이르러 내 증인이 되리라 하시니라." 복음은 어디에나 가야 한다.

베드로후서 3장 9절은 개인적인 명령의 예시다. "주의 약속은 어떤 이들이 더디다고 생각하는 것 같이 더딘 것이 아니라 오직 주께서는 너희를 대하여 오래 참으사 아무도 멸망하지 아니하고 다 회개하기에 이르기를 원하시느니라." 바울은 구원받을 "이방인의 충만한 수"에 대해서 말하는데, 하나님께서 그 숫자를 세고 계신다는 뜻을 함축한다(롬 11:25). 전진에 대한 자각은 우리가 어떤 렌즈로 바라보느냐에 달려 있다. 모든 민족, 모든 장소, 모든 개인에게 이르는 것에 관심이 있는가? 하나님은 전체 그림을 통합해서 보고 계시고, 그분의 시간표는 완벽하시다. 나는 압도당하거나 염려가 찾아올 때마다 그 사실이 얼마나 힘이 되는지를 발견한다. 하나님의 위대한 추수는 그리스도께서 만물의 머리로 오시는 때가 차면 도래할 것이다(엡 1:9-10). 우리는 그때가 언제인지 모를 뿐이다.

어떤 이들은 지상명령에 압도되지만, 어떤 이에게 지상명령은 사실 그다지 어려운 이야기로 들리지 않는다. 『세계 기도 정보』가 추정하듯이, 만약 2010년에 전 세계적으로 5억 4,600만의 복음주의 그리스도인이 있다면, 미전도 종족 하나마다 7만 3,000명의 복음주의자가 있다는 의미다.[34] 대상을 나눠서 사역한다면 그다지 어려운 것 같지 않다. 만약 모든 대형교회가 미전도 종족에게 한 팀씩을 파송한다면, 10년

정도면 완수하지 않겠는가?

예전에 이처럼 긍정적 전망을 가진 한 퇴역 육군 대령이 인도네시아에 있는 우리 팀에 방문했다. 그는 우리의 사역을 배우고 도시를 둘러본 후 주변의 3,200만의 무슬림에게 전도하려면 새로운 전략이 필요한 것 같다고 제안했다. 저녁 식사 모임에서 우리 팀 30명의 선교사를 대상으로 그는 이렇게 말했다. "여러분이 해야 할 일은, 사람들을 그리스도께로 인도하기 시작하는 거예요. 모두가 각자 매주 1명씩을 신앙으로 이끌고, 또 그 사람도 그렇게 한다면, 여러분은 곧 이곳에 성장하는 교회들을 세우게 될 것입니다." 우리라고 왜 그런 생각을 안 해봤겠는가? 그 일이 그렇게 단순하다면 말이다. 그리스도인의 '할 수 있다' 정신과 '성공을 위해 단계를 체계화하는' 능력은 세계 교회에 놀라운 기여를 했다. 하지만 강점에는 약점과 맹점도 있다. 계획과 공식이 잘 자리 잡았지만 실제 생활에서 심지어 성경의 페이지 안에서 어떻게 끝날지는 놀라울 정도로 예측 불가능하다.

하나님의 예측 불가능한 방법 중에서 가장 극적인 예는 인도네시아 자바섬에서 일어났다. 4-5명의 선교사가 자바의 무슬림 사이에서 땅을 일구고 복음의 씨앗을 뿌리며 비록 적지만 꾸준히 성장함으로 그들의 수고를 나타냈다. 1965년의 정치적 혼란과 쿠데타는 인도네시아에 어마어마한 사회적 격변을 촉발했다. 수천 명의 사람이 뒤따른 혼돈의 소용돌이에서 생명을 잃었다. 적을 피해 도망하던 자들은 그리스도인을 도움의 원천과 안식처로 여겼고, 많은 이들이 그리스도를 믿었다.

에이버리 윌리스 책은 명목상의 무슬림 배경을 가진 200만 명의 사람들이 6년의 기간 동안 세례를 받게 된 이야기를 기록한다.[35] 오늘날 약 1억의 자바인 중 약 5퍼센트가 그리스도인이다.[36] 어떤 선교사도 '쿠데타, 사회적 격변, 폭력'을 1965년의 사역 전략 계획에 넣지 않았다. 하지만 하나님은 그런 사건을 통해 다가올 추수를 대비하여 수십 년간 기초를 닦았던 신실한 종들의 영향력을 배가시키셨다. 하나님의 때에, 하나님은 풍성한 열매를 거두셨다.

예수님께서 사마리아를 관통해서 지나가실 때, 우물가의 여인과 나누신 대화가 동네 사람들의 구원으로 이어졌다(요 4:39). 예수님은 제자들에게 눈을 열어 풍성한 영적 추수를 보라고 도전하며 설명하셨다. "내가 너희로 노력하지 아니한 것을 거두러 보내었노니 다른 사람들은 노력하였고 너희는 그들이 노력한 것에 참여하였느니라(요 4:38)." 예수님은 어떤 사역은 다른 상황보다 더 어렵고 더 근본적임을 내비치셨다. 수 세기가 흐르는 동안, 신실한 일꾼들이 어려운 장소에서 땅을 일구고 씨앗을 심고 잡초를 뽑고 물을 주었다. 그 결과 이제 우리는 풍성한 수확을 축하할 수 있다. 다른 장소에서도 새로운 세대의 선교사들이 이제 막 땅을 개간하고 있다.

헨리 블랙커비의 유명한 책 『하나님을 경험하는 삶』은 "하나님께서 어디에서 일하시는지를 보고 그분께 동참해야 한다"고 강조한다.[37] 여기에는 많은 진리가 있지만, 또 숨겨진 위험도 있다. 만약 우리가 하나님께서 현재 일하시는 곳까지만 간다면, 그 외의 곳은 어떻게 할 것인가? 하나님의 영이 지금부터 20-30년 후에 추수하기를 원하시는 곳들은 어떻게 할 것인가? 지금은 불가능해 보이지만 미래에는 하나님을 영화롭게 할 추수를 기대하면서, 누가 사우디아라비아와 예멘과 모리타니아에서 노력(요 4:38)할 것인가?

하나님은 나무에서 열매가 이미 떨어진 곳에 우리의 과업을 국한하지 않으셨다. 누군가는 우리의 생전에는 꽃 피우지 않을, 새로운 과실나무를 심어야 한다. 콩고 볼롤로 미션이 작성한 아프리카 내부의 초기 사역에 관한 설명을 읽어보라.

> "콩고로 파송된 첫 35명의 CBM 선교사들 중에서 … 12명이 첫해에 순교했고, 12명이 이듬해와 그다음 해에 순교했다. 더 놀라운 일은, 이런 암울한 통계를 마주하고도 자원자들이 계속해서 이 위험천만한 아프리카에 쏟아져 들어왔다는 점이다. 구스타프 하우프트는 … 쓰러진 전우들에 관해서 '그들은 장래의 하나님의 집을 위한 돌들로 묻혔다'고 기록했다."[38]

아프리카에 파송된 초기 개척 선교사 중 50퍼센트에서 90퍼센트가 죽거나 병 때문에 강제 송환되었다.[39] 이 신실한 종들은 사역의 열매를 거의 보지 못했다. 그럼에도 그들의 희생은 헛되지 않았다. 『세계 기독교 백과사전』은 이렇게 보고한다. "여러 면에서 아프리카는 세계 기독교의 '성공 스토리'로 각광받는다. 1900년에 9퍼센트였던 그리스도인이 2020년에 49퍼센트로 성장했다. 콩고민주공화국은 동일한 기간에

1퍼센트에서 95퍼센트로 가장 완전하게 성장한 나라다."[40] 하나님은 저 매장된 돌들로 그분의 영광을 위한 위대한 기념비를 세우셨다. 선대 선교사들은 문제도 일으키고 실수도 했겠지만, 그들의 결단과 희생으로부터 배울 점이 정말 많다.

현대인은 업무를 수량화하고, 목록을 만들고, 측정 가능한 목표를 세우고, 보고서를 작성하고, 데이터에 따라 계획을 실행하기 좋아한다. 남반구 출신 선교학자들은 이것을 가리켜 '관리형 선교'라고 부른다. 그들에게는 우리의 방법론이 비인격적이고 영적인 면이 부족하다고 볼 수 있다. 동시에 우리는 체계가 없고 마무리까지 완수하지 못하는 그들의 방식에 좌절할 수 있다.

몇십 년 전에 서구 지도자와 남반구 지도자가 함께 목표를 세웠다. "2000년까지 모든 민족을 위한 교회, 모든 사람을 위한 복음"을 이루자는 것이었다. 이 목표는 참 많은 사역을 촉진시켰지만 2000년은 여전히 미완성된 지상명령과 함께 도래했다. 그러자 선교 지도자들은 2020년을 위한 비전을 던지기 시작했다. 지금은 다양한 단체가 우리 주 예수님께서 제자들에게 위임하신 지 2천 년이 흐른, 2033년까지 지상명령을 성취하자는 구호를 외치고 있다.

이러한 계획들을 나는 존중한다. 그 과정에서 많은 선한 일이 일어났고, 그러지 않았다면 열외에서 졸고 있었을 많은 사람이 참여했다. 체계화하고 목표를 설정하는 것은 좋은 일이다. 하나님의 시간표가 우리와 다르더라도 마음에 하나님의 큰 그림을 품고 계속해서 기도하며 절망하지 않는 한 그렇다. 우주 역사상 가장 위대한 과업을 목록과 일정표만으로 축소시킬 수 없다.

지상명령의 성공을 어떻게 정의하느냐는 우리가 사역을 어떻게 실행할 것인가에 의미 있는 영향을 준다. 예를 들어, 우리의 목표는 소수의 성도를 확보하는 것, 혹은 상황화된 교회 수의 증가를 보는 것인가? 대답이 비슷해 보일지 모르지만, 그에 따라 우리는 전혀 다른 길을 가게 된다. 수년 전 동남아시아에 언어를 배우기 시작한 지 얼마 되지 않은 새로운 선교 팀이 사역 계획을 들고 나타났다. 그 팀은 선교지에 교회를 세우는 것보다 미전도 종족 사람을 미국으로 보내기 위한 후원금을 모으려 했다. 그리고 교회 성도의 집에서 홈스테이를 하도록 주선하려 했다. 그들은 그 과정에서 미전도 종족의 몇몇이 구원의 확신을 품고 돌아가 고향 땅을 복음화하기를 소망했다. 창의적인 의견이었지만 그것이 과연 얼마나 원주민 제자들의 신앙을 성숙하게 만들 수 있겠는가? 나는 그 팀에게 교회 개척 전략을 세우기 전 언어적, 문화적, 관계적 뿌리를 좀 더 깊게 내리라고 강권했다.

세계 선교는 얼마나 많은 회심자를 셀 수 있느냐는 질문 그 이상이다. 지상명령의 목표는 하나님의 영광이고, 그것은 열방의 구원을 통해 온다. 하지만 그 과정에서, 특히 그들이 고난과 박해를 만났을 때 드러나는 하나님 백성의 신실함을 통해 오기도 한다. 세계를 구원하는 (결과가 아닌) 과정으로 하나님께 영광을 올려드린다.

우리 팀이 처음 인도네시아에서 미전도 무슬림을 상대로 사역을 시작했을 때, 10년 내 진전이 있을 거라고 꿈꿨다. 우리는 헌신적이었고 에너지가 넘쳤으며 역동적인 교회 개척을 위해 열심을 냈다. 우리는 첫 10년 동

> "선교의 영향력을 계량화하기란 어렵다. 아니, 잘못된 길로 인도할 수도 있다. 씨앗에게 무슨 일이 일어날지 어떻게 알 수 있단 말인가!"
> _ 교회 성도

안 고무할 만한 전진을 보았지만, 문화적이고 영적인 도전은 예상보다 훨씬 컸다. 우리는 이것이 장기적인 과정이 되리란 걸 깨닫기 시작했다. 30년이 지난 지금도 여전히 이야기는 진행 중이다. 교회와 제자의 수는 계속해서 증가한다. 그 일이 더 빠르게 일어나길 바라지만 그보다 더 하나님께서 일하고 계심을 신뢰하라.

그 일을 지금 하라

세계 선교의 현재 상황과 힘에 용기를 얻었든 잃었든 (아니면 둘 다이든!) 최종 책임은 예수님께서 주신 과업을 신실하게 따르는 것이다. 인생과 자원을 가장 잘 관리하는 청지기가 되는 것이다. 만약 당신이 보기에 선교가 형편없게 행해지고 있다면, 참여하여 도우라. 냉소주의나 무관심에 빠지지 말라. 세계 선교를 위한 미국 센터(지금은 프론티어 벤처스로 불린다)의 창시자인 랄프 윈터 박사는 파사데나 캠퍼스에 600만 달러(약 78억 원—역주)를 투자하라는 청구서를 보았을 때를 회상하며 이렇게 논평했다.

"이것이 성공하리라는 강한 확신을 가져본 적이 없었다. 내가 가진 것은, 해볼 가치가 있다는 강한 확신이었다. 내가 내려야 했던 중요한 결정은 나는 기꺼이 실패하려 하는가였다. 그 프로젝트는 내가 기꺼이 실패해도 좋을 만큼 주님의 경륜에서 볼 때 충분히 가치 있었을까? 모든 게 무너진다 해도, 그것이 정말 큰 파도를 일으키기를 소망한다."[41]

선교적 노력에 탁월함이 필요하다는 것을 부인하려는 뜻이 아니다. 엄격한 사고, 좋은 전략, 탄탄한 선교학, 상호 책임의 실천이 필요하다. 그 임무는 그리스도인에게 너무나 중차대해서 절대로 엉성해서는 안 된다. 완벽하게 수행하지 못한다는 이유로 포기해서도 안 된다. 열방을 제자 삼으라는 하나님의 명령에 순종하는 일은 실패가 무관심이나 불순종보다 낫다. 게다가 최종 결과물이 보장된다는 것을 이미 알기에, 그 '실패'조차 잠시뿐일 것이다.

> "선교에 대한 오해는 선교에 참여자가 아닌 관중으로 남기 원하는 사람들에게 적당한 변명 이상의 역할을 한다."
> - 교회 지도자

핵심 정리

우리는 구속사의 이 시기를 살아가는 최고의 특권을 누린다. 구약의 선지자들은 우리가 오늘날 목격하는 것을 보고 듣기를 갈망했다(마 13:17). 많은 도전과 사탄의 방해에도 불구하고, 그리스도의 복음은 세계 곳곳으로 전진하고 있다. 승리주의나 패배주의의 유혹을 피하기 위해 근신하라, 깨어라(벧전 5:8). 낙심한 나머지 원수를 열외로 취급하지 말라. 즙이 많은 당근을 빠르게 얻을 수 있다는 약속에 휘둘리지 말라. 지상명령은 여러 세대에 걸쳐 성취되는, 큰 규모의 과업이다. 하나님께서 추수의 주인이시기 때문에, 세계 복음화는 거침없이 진행 중이다. 하나님은 말로 다 할 수 없을 만큼 많은 영혼을 구원하셨으며 아직 끝이 아니다. 그분의 보좌 앞은 이미 성도들로 가득하다. 매일 예배자의 수가 늘어나고 그 다양성이 더 커진다. 선교가 실패하지 않는 이유는, 하나님께서 실패하지 않으시기 때문이다. 하나님은 그분께서 이미 얻으신 승리에 우리가 어떻게 기여할 수 있을지를 아신다. 더 많은 열매를 맺고 더 신실해짐으로써 우리는 하나님을 영화롭게 한다. 성령님과 함께 한 걸음씩 걸으며, 예수님께서 그분의 약속을 이루시기를 기다리며, 서로 사랑의 동역을 이어가야 한다. "너는 베드로라 내가 이 반석 위에 내 교회를 세우리니 음부의 권세가 이기지 못하리라"(마 16:18).

← 토론을 위한 질문

1. 세계 선교에서 교회의 전진과 관련해 당신에게 용기를 주는 것은 무엇인가? 당신을 낙심시키는 것은 무엇인가?

2. 기독교와 복음주의를 구분하는 것이 통계를 읽을 때 유익하다고 생각하는가?

3. 지상명령에 관한 사역이 지금까지 얼마만큼 성취되었는지를 확인하는 것과 미전도 종족의 필요가 얼마만큼 남아있는지를 생각하는 것 중 어느 쪽이 더 큰 동기부여를 일으키는가?

선교사 파송은 더 이상 필요하지 않다는 오해

"하나님은 나를 해외 선교 현장에 두지 않으셨다"라는
주장을 입증할 책임은 당신에게 있다.

_ 이온 키스-팔코너

> 오해 8. 선교사는 더 이상 필요하지 않다. 세계의 곳곳에서 교회가 성장하고 있으며, 현지 그리스도인들이 자신의 민족에게 다가가는 일을 보다 잘할 수 있다.

아이팟이 마이크로소프트사의 준(Zune)과 시장점유율을 놓고 경쟁하던 시기, 작가 사이먼 사이넥이 애플사에 강사로 초빙받았다. 그는 마이크로소프트의 준이 더 좋은 기계라고 말해 애플사의 어느 임원을 자극하려 했던 일화를 소개했다. 이에 대해 임원은 "네, 그럼요"라고 간

단히 응수하고는 다른 주제로 넘어갔다고 한다. 사이넥은 애플사의 고위 리더가 자사 제품을 적극적으로 변호하려 하지 않는 점에 놀랐다. 이후 더더욱 놀란 건, 사이넥만이 아니라 온 세상이다. 1년 후 애플사는 아이폰을 출시했다. 아이폰은 사람들이 과학 기술과 상호작용하는 방식을 변화시켰고 아이팟과 준 모두를 시대에 뒤떨어진 것으로 만들었다.[1]

선교사는 시대에 뒤떨어진 개념인가?

북미 교회 안에는 서구에서 문화의 경계 너머로 선교사를 파송하는 일이 시대착오적이라는 정서가 커지고 있다. 사람들은 여전히 주일 설교에 허드슨 테일러나 엘리자베스 엘리엇 같은 선교 영웅 이야기가 등장해서 영감을 주는 걸 좋아하지만, 그런 인물들은 지나간 시대에 속할 뿐이라고 생각한다. 한때 많은 교회의 주요 연례행사이던 선교 콘퍼런스는 점점 과거 유물에 머무르고 있다. 여러 상황에서 장기 선교사는 골동품 상점의 타자기와 같은 반응을 불러일으킨다. "우리도 저런 거 있었는데…."

성도들이 지상명령에 헌신하지 못하도록 방해하는 오해가 무엇인지 묻는 질문에, 응답자 4분의 1이 상위 세 응답으로 "선교사는 시대에 뒤떨어진 개념이다"를 꼽았다. 절반 이상이 북미 교회에서 이러한 인식이 '상당히 일반적'이거나 '거의 보편적'이라고 대답했다. 선교 동참에 미친 영향력에 대해 3분의 2 이상이 "다소 있다" 혹은 "매우 많다"라고 말했다. 응답자들에 따르면, 북미의 많은 그리스도인이 이제 선교사 파송은 세계의 다른 지역 그리스도인에게 위임될 수 있다(혹은 위임되어야 한다)고 믿는다. 따라서 자신의 교회에서 장기 선교사를 파송하는 일에 적극적으로 참여하려 하지 않는다.

오해의 뒷모습

더 이상 선교가 의미 없다거나 선교사 파송이 필요 없다는 주장은 인식의 부족 때문이다. 선교가 그들 일상의 일부가 아니기 때문에 선교에 대해 깊이 생각하지 않는 것이다. 복음을 들었으나 복음에 반응하지 않은 채 수년 동안 교회에 출석하는 것과 마찬가지로, 신실한 성도일지라도 잃어버린 세상과 거기 이르려는 하나님의 계획에 직면한 경험이 전혀 없는 것이다.

하지만 어떤 그리스도인들은 이 문제에 대해 나름 숙고한 끝에 선교사 파송의 시대는 끝나간다고 결론짓기도 한다. 최근 수십 년 동안, 선교 세계를 포함해 세상의 변화 속도가 대단히 빨라졌다. 모든 중요한 변화는 재평가를 요구하고, 때로는 그 붕괴가 전면적인 재편을 요구할 정도로 심각하다. 세계 선교도 이런 측면의 붕괴에서 예외가 아니다.

선교의 역할과 방법론과 훈련을 재평가해야 한다. 현재 상황과 흐름을 숙고해야 한다. 선교사가 낡은 개념이 아닌지를 의심하게 만드는 문제들을 밝혀내자. 그 후에 하나님의 구원 계획이라는 큰 그림에 빗대 살필 것이다.

1. 전 세계적으로 교회가 성장하고 있지 않은가?

지난 세기 교회의 성장과 재배치는 정말 놀라웠다. 몇몇 대표적인 통계치를 보라. 1900년에는 그리스도인의 82퍼센트가 유럽과 북미에 살았다. 2020년에는 그 수치가 33퍼센트로 줄었다. 2014년에 가장 많은 그리스도인이 사는 대륙으로 남미가 유럽을 앞질렀다. 2018년에 아프리카가 남미를 앞질렀다. 스페인어를 모국어로 사용하는 그리스도인이 영어를 모국어로 사용하는 그리스도인보다 더 많다.[2] 2020년에 가장 많은 복음주의자가 거주하는 10개의 나라 중 9개 국가가 남반구에 자리한다.[3]

오랫동안 교회가 세워진 지역과 최근에 왕성하게 성장하기 시작한 지역을 구별하기 위해, 일반적으로 '서구'와 '남반구'(Global South)라는 용어를 사용한다. 남반구에는 남미, 아프리카, 아시아, 오세아니아의 개발도상국이 있다. 전통적인 선교 용어에서 이와 같은 나라들은 역사적으로 '수혜지'로 묘사되었다. '남반구'는 지리적으로 정

> "내 생각엔 다음과 같은 인식이 점점 커지는 것 같다. '복음이 닿지 않은 곳은 없다', '동일 민족이 전도하는 것이 더 효과적이며 비용이 절감된다', '교회 자원의 전략적 사용이란 전적으로 재정 문제다.'"
> _ 선교사

확한 용어는 아니다. 호주와 뉴질랜드는 남반구에 있어도 서구로 간주되고, 중국은 적도 위에 위치하지만 남반구에 속한다. 서구와 남반구의 구별은 경제력으로는 덜 분명해지고 있으며, 세계화에 힘입어 여타의 차이점도 줄어들고 있다. 하지만 교회의 확장을 논할 때, 이와 같은 이름표는 여전히 유용하며 널리 사용된다. 『세계 기독교 백과사전』은 그리스도 몸의 짜임새를 최근 이렇게 요약한다.

"세계 복음주의자의 숫자는 1970년의 1억 1,200만 명에서 2020년의 3억 8,600만 명으로 증가했다. 세계적으로 볼 때, 기독교 안에서 복음주의는 대개 비(非)백인 운동이고 점점 더 그렇게 발전하고 있다. 2020년에는 전체 복음주의자의 77퍼센트가 남반구에 산다. 이것은 1900년의 7.8퍼센트에서 크게 상승한 것이다. 이와 같은 사실은 미국이 동시대 복음주의의 '고향'이고 미국에서 복음주의는 대개 정치적으로 보수적인 백인의 운동이라는 서구의 인식과 충돌한다."[4]

확실히 선교의 풍경이 바뀌었다. 지나 절로는 이렇게 말한다.

"오늘날 전형적인 그리스도인은 남반구에 사는 유색인 여성이다. 사회계층이나 의료 서비스 면에서 평균 이하에 속한다. 이것은 100년 전의 전형적인 그리스도인과는 어마어마하게 다름을 보여준다. 그때는 백인의 부유한 유럽인이었을 것이다."[5]

『세계 기독교의 새로운 모습』에서 마크 놀은 이렇게 말한다.

"기독 교회는 지난 50년 동안 교회 역사의 태동기를 제외하고 다른 어떤 시기보다 폭넓게 지리적인 재배치를 경험했다."[6]

아시아, 아프리카, 오세아니아, 남미 전역에 걸쳐 점점 늘어나는 성도 수를 보며 크게 고무될 수 있다. 하나님은 수천 가지 언어로 찬양받으시고 수천 가지 문화에서 예배받으신다. 이 극적인 성장이 곧 남반구 교회가 선교의 바통을 이어받을 준비가 되었음을 의미할까?

2. 세계화가 이미 누구나 복음에 접근하게 하지 않는가?

어느 저녁, 아프가니스탄의 무슬림 가정에 손님으로 초대된 나는 편안하게 그들과 어울리고 있었다. 그들은 잔치 준비를 하느라 분주히 움직이고 있었다. 거실에는 내가 지금 성경 속 시대로 이동한 게 아님을 상기시키는 큼직한 TV가 있었다. 북적이는 거실에서 여러 대화가 오가던 중 TV 볼륨은 불편할 정도로 컸다. 그러다 방송이 새로운 프로그램으로 넘어가자, 갑자기 주위의 사람들이 대화를 멈추더니 거기에 집중했다. 나도 따라 화면을 응시했다. 프로그램의 인도자는 책 한 권을 꺼내 보였는데, 나는 그 책이 성경임을 이내 알아차렸다. 그는 그 책을 어떻게 읽는지와 책에서 무엇을 배우는지를 페르시아어로 설명하기 시작했다. 그러고는 소그룹이나 가족끼리 성경을 읽는 게 얼마나 유익한지, 나눔을 활성화하는 질문을 어떻게 던지는지를 보여주었다. 나는 방송의 영향력과 효과뿐만 아니라 나를 초대한 가족이 보여준 몰입도에 감명받았다. 아프간 가정집에 복음이 도달하는 모습을 목격하는 특권이라니!

도시화, 이민, 디지털 미디어의 발전, 세계화의 여러 측면과 흐름에 의해 복음의 전진이 일어날 기회가 생긴다는 건 얼마나 가슴 벅찬 일인가. 팬데믹은 결과적으로 세계 교회의 상호 연결을 가속화하고 전도 및 제자훈련을 위한 디지털 도구의 발전 속도를 진전시켰다. 이제 세계 구석구석 닿기 힘든 지역까지 디지털 미디어를 통해 복음과 제자훈련 자료를 송출할 수 있다. 이는 선교사를 파송하기 어려운 지역에서도 교회가 성장하도록 돕는다. 그러한 효과적인 도구들이 있는데도 여전히 선교사를 파송해야 할까?

3. 남반구 교회가 이미 선교에 대한 비전을 갖고 있지 않은가?

선교 역사의 불행한 패턴은, 선교사들이 교회를 세우면서 선교 DNA를 심어주지 않은 경우가 많았다는 점에서 기인한다. 서구인들은 자신들이 세상을 복음화할 유일한 선교 자원이라고 생각할 때가 많았다. 역사 속에는 그 예외가 놀라우리만큼 많았음에도 선교사들은 '이 사람들이 직접 선교사로 준비되기까지 오랜 세월이 걸릴 거야'라고 생각했다. 교회를 세우고 전도하게 했으나 그 이상으로는 불필요하다고 여겼다.

새롭게 세워진 선교지의 교회가 그들 스스로의 파송 비전과 역량을 갖추도록 지원하는 일은 점점 더 선교사들에게 요구되는 중요한 역할이다. 많은 교회가 지상명령에 대한 비전을 품는다. 이것이 문화의 경계를 넘는 '곱셈'의 문을 연다. 국내에만 머무는 '덧셈'이 아니다. 예를 들어, 브라질의 어느 교회는 400명의 선교사를 파송하기로 헌신했다. 현지 아프리카에서 활동하는 선교단체는 36개국을 섬기는 700명의 직원이 활동한다.

선교는 복음을 누구에게나 전달하는 면에서 더 이상 어느 특정 지역 선교사의 전유물이 아니다. 1974년 남반구 출신 선교사는 600명에 그쳤으나 2000년까지 6만 명이 되었다. 2010년에 30만 명 이상의 비(非)서구권 선교사가 선교 사역에 동참했다.[7] 『세계 기도 정보』는 이렇게 상기시킨다. "더 많은 선교사가 필요한 세계의 여러 곳을 위해 기도할 때 그 응답이 동서남북에서, 이웃 문화에서 혹은 지구 반대편에서 올 수 있음을 인식하고 기도하십시오."[8] 남반구 교회는 지상명령이라는 전 세계적인 사명을 받들 준비가 되어 있고 기꺼이 그렇게 할 것이다. 그들이 그렇게 많다면, 그들에게 여전히 선교사가 필요할까?

4. 현지 사역자가 더 효과적이지 않은가?

맞다. 때로는 그렇다. 세티아의 예를 생각해보라. 그녀는 미전도 종족으로 둘러싸인 마을에 사는 초신자다. IT 학위를 가졌으나, 잃어버린 사람들에게 다가가 그들을 빈곤에서 벗어나게 하는 데 전적으로 집중하고 있다. 그렇게 하면서 끊임없이 자신의 믿음을 나눈다. 세티아는 쓰레기 더미에 사는 사람들을 돕기 위해 재활용품 센터를 시작했다. 도시 공무원들은 마약 중독자와 알코올 중독자가 사회의 생산적인 구성원으로 변화되는 모습을 목격하고는 큰 감명을 받아 세티아가 사용할 시설을 제공했다. 나라의 대통령이 직접 그녀의 재활용품 센터를 방문했고 국영방송은 이타적인 시민 정신의 모범으로 세티아를 집중 조명했다. 아내와 나는 세티아의 사역 초기부터 그녀를 만나는 특권을 누리고 있다. 아내는 문자 메시지로 격려하고 멘토링하면서 그녀와 일상을 잇는다. 때때로 누가 누구를 멘토링하는지 모를 때가 있다! 아내와 세티아는 실시간으로 기도 제목을 나눈다. 매달 우리는 그녀의 생활과 사역을 지원하기 위해 얼마간의 후원금을 보낸다. 마치 그녀는 사도 바울이고 우리는 빌립보 교회인 것 같다.

　세티아는 성도들이 만든 수공예품을 판매하는 상점을 열었다. 가게 안쪽에 자리한 작은 방에서 성경 공부를 인도하며, 무슬림이 예수님을 믿기로 결단하면 바다로 함께 나가 세례를 준다. 이슬람에서 개종한 젊은 회심자들을 제자 삼는 일은 세티아의 자연스러운 일상이다. 세티아는 현지 문화에 더 익숙하기에, 외국 선교사들이 불가피하게 겪는 어색함이나 방해물 없이 복음을 전하고 제자훈련을 한다. 세티아는 자신에게 오는 모든 기회에 융통성 있게 준비된 사람이다.

　아내와 나는 선교단체와 공식적인 관계가 없는 지역의 복음 전도자들을 후원한다. 그들은 우리가 여러 해에 걸쳐 개인적인 관계를 맺어

온 사람들이다. 현지인인 그들은 미전도 종족에게 복음을 전한다. 마치 현대판 사도행전 같다. 그리스도의 몸이 유기적으로 작동되는 아름다운 그림이다. 우리는 놀라운 시대를 살아간다. 세티아와 같은 사람들이 활동할 수 있고 또 열매를 맺는다면, 우리가 설 곳은 어디일까? 재정 후원 외에 할 일이 있는 걸까?

5. 그 지역의 선교사가 훨씬 재정을 아낄 수 있지 않은가?

"파이오니어는 소속 선교사를 위한 은퇴 후 계획이 마련되어 있습니까?" 이것은 몇 년 전 알린과 나의 후원교회 연결을 위한 첫 면접 당시, 교회 선교위원회가 던진 첫 번째 질문이었다. 우리의 노년을 (비록 당시에는 먼 얘기처럼 보였지만) 떠안지 않으려는 현명한 질문이었다. 그것은 우리가 사는 세상이 페루나 탄자니아의 평범한 삶과 얼마나 다른지를 상기시킨다.

지난 수십 년 동안 여러 나라의 경제가 눈부시게 향상했지만, 생활비 격차는 여전히 크다. 남반구 사람들은 대개 한 달에 몇십만 원으로 산다. 일반적으로 서구처럼 몇백만 원은 아니다. 대부분의 서구 선교사는 출신 문화 기준으로는 적은 사례비를 받지만 보험비, 교통비, 은퇴 준비, 사역 설계비, 비자, 자녀 학비, 경상비 등을 합치면 4인 가족 기준 총비용이 연 1억 원에 달한다. 같은 금액으로 남반구 출신 복음 전도자를 12명 후원할 수 있을 때, 다른 나라에서 선교사 가정을 파송하는 비용을 합리화할 수 있을까?

6. 내 고향과 모국이 선교지가 되고 있지 않은가?

한때 복음화되었다고 여기던 일부 지역에서조차 기독교는 퇴보하는 것으로 보인다. 고든 올슨은 "유럽은 '기독교 대륙'에서 다시 전도가 필요한 '세속화 대륙'으로 바뀌었다"라고 지적한다.[9] 유럽의 17개 국가는 1퍼센트 이하의 복음화율을 보인다.[10] 프랑스 국민의 10퍼센트 이하만이 성경을 가지고 있고, 그중 오직 20퍼센트만이 성경을 읽어본 경험이 있다.[11] 많은 이들이 미국도 마찬가지일 거라고 말한다. 미국에서는 지난 30년 동안 자신의 종교를 '무종교'라고 답한 사람의 숫자가 6퍼센트에서 23퍼센트로 상승했다.[12] 이러한 상황을 『세계 기도 정보』는 이렇게 요약한다. "미국 생활의 '종교적 캔버스'가 우리 눈앞에서 다시 그려지고 있다."[13]

역사적으로 기독교 국가라고 꼽던 나라들을 재복음화해야 한다는 것 외에도, 서구는 세계에서 가장 궁핍하고 가장 덜 복음화된 지역에서 온 사람들의 거주지가 되고 있다. UN은 2019년에 2억 7,200만 명이 각자의 출생국을 벗어나 살고 있다고 추정한다.[14] 그것은 지구상에서 30명에 1명꼴이다. 이 국제 이민자 중 8,200만 명이 유럽에 산다. 그 외 5,900만 명이 북미에 정착했다. 뉴욕시는 800개 언어 사용자의 거주지다.[15] 10년 전에도 토론토 거주자 중 절반이 영어와 불어 외에 200개가 넘는 '모국어'를 사용했다.[16]

이처럼 세계가 우리에게 오고 있다면, 왜 먼 땅으로 선교사를 파송해야 할까?

이것이 선교사의 무용을 의미하는가?

세계 교회의 무게중심이 남반구로 확실히 이동했음을 보았다. 서구 선교사는 비용이 많이 들뿐더러 그들이 거주하는 곳에도 해야 할 사역이 무척 많다. 남반구 교회는 그들의 성도를 유능한 다문화 사역자로 파송하는 추세다. 이 모든 새로운 국면이 선교사가 시대에 뒤떨어진 개념이라는 것을 의미할까? 세티아 같은 신실한 성도들이 증가한다는 소식이 우리가 선교사 파송을 멈춰도 좋다는 의미일까? 기독교 인구 통계의 극적인 이동은, 역사적으로 선교사를 파송하던 과거의 유력 집단(북미와 유럽 교회)이 구속사에서의 '아이팟'과 '준'이라는 뜻일까?

어떤 성도들은 세계화로 인해 급속히 무의미해지는 선교사에게 투자하는 일은 시간과 재정 낭비라고 결론을 내렸다. 선교지의 제자 양육이 성공했기에, 이제는 헌금을 보내는 것 이상으로 참여할 필요가 없다고 주장한다. 애플사가 세상을 바꾸었는데 마이크로소프트사가 준에 매달린다는 소식은 아무도 원하지 않는다는 것이다. 하지만 남반구에서 들려오는 이 모든 좋은 소식이 내게는 정반대의 결과를 낳는다. 나는 무르익어가는 밭을 위해 훨씬 더 많은 일꾼을 동원하고 싶다. 그리고 그 일꾼이 모든 곳에서 오는 것을 보기 원한다.

예수님의 지상명령을 '명령'이라고 부르는 이유가 있다. 그것은 권위자의 명령이다. 실행에 옮겨야 한다는 뜻이다. 하나님께서 아들을 보내셨듯, 그렇게 예수님은 우리를 보내신다. 요한복음은 예수님의 임무를 묘사할 때 두 단어를 사용한다. '아포스텔로'(*apostello*)는 확실한 권위를 가지고 임무를 수행하라고 보냄을 받은 자의 역할에 강조점이 있다. '펨포'(*pempo*)는 보내는 행위와 더 관련이 있다. 요한복음 20장 21절에서 예수님은 강조를 위해 두 단어를 조합하신다. "아버지께서 나를 보내신(*apostello*) 것 같이 나도 너희를 보내노라(*pempo*)."

부활과 승천 사이에 예수님은 제자들에게 한 가지 중심 메시지를 강조하여 가르치셨다. 세계 곳곳에서 제자를 만들어야 할 사명이 있고, 성령님은 그 과업을 위해 그들을 성령의 능력으로 덧입히시기 위해 곧 오시리라는 것이다.

예수님께서 제자들에게 주신 지상명령이라는 출격 명령은 5개로 구분된 말씀에 들어있다. 거기에는 '움직이라'는 명령과 '전 세계적으로 실행하라'는 명령을 포함한다. 문법적으로는 마태복음 28장 19절에서 '제자로 삼다'가 주 동사지만, 그렇다고 '가다'가 없어도 되거나 무시할 수 있는 과정이라는 뜻은 아니다.

수 세기 동안 "하늘에 계신 우리 아버지여…"라는 주기도문이 교회에서 암송되었다. 그에 비해 예수님께서 제자들에게 가르치신 또 다른 기도인 "추수하는 주인에게 청하여 추수할 일꾼들을 '보내' 주소서 하라"(마 9:38)는 더 적게 올려졌다. 여기서 '보내다'라는 단어는 '에크발로'(*ekballo*)인데, 강제적으로 몰아내다, 즉 '내던지다' 혹은 '억지로 시키다'를 의미한다. '귀신을 쫓아내다'에도 동일하게 사용되는 단어다. 문자 그대로 주인이 일꾼을 추수할 방방곡곡으로 가게 만든다는 뜻이다.

여기에는 상황의 긴급성이 강하게 녹아있다.

모든 그리스도인이 물리적으로 다른 나라에 가야 한다고 말씀하시는 것일까? 당연히 아니다. '가서 제자 삼는 것'이 미디어를 사용하고, 열심히 기도하고, 가족을 돌보고, (어디에 있는 성도들이든) 성도의 성화를 돕고, 지역사회에 교회 수를 늘리는 일은 포함하지 않는다는 말일까? 전혀 아니다. 물론 상기한 모든 일을 해야 한다. 그러나 세계의 덜 복음화된 문화권으로 자격을 갖춘 일꾼을 준비시켜서 파송하는 일을 포함하지 않는 사역 체계는 불완전하다는 것이다. '가라'는 선택사항이 아니다. 이는 모든 그리스도인에게도 마찬가지다.

1. 그들이 원하는 바는 동역이지 대체가 아니다

나는 선교지의 교회 지도자들에게 "지금도 다른 나라에서 온 선교사를 원하세요?"라고 종종 물어본다. 그들은 한결같이 "예"라고 답하면서 덧붙인다. "우리는 올바른 유형의 사람을 보내 주기 원해요. 겸손한 자세를 가지고 더불어 섬기고 싶어 하는 사람, 그리스도를 닮은 모범이 되려는 사람을요."

대규모의 복잡한 세상에서 으레 그렇듯이, 모든 사람은 실수한다. 자기만의 숨기고 싶은 과거도 있다. 세계 곳곳의 교회들이 선교사에 대해 불편해할 때도 있었다. 오래 머물지 않는다든지, 거창하게 왔지만 계획과 전략이 별반 다르지 않았다든지 말이다. 그럼에도 선교지에서는 올바른 유형의 인적 자원이 올바른 도움을 가져다주기를 간절히 바람을 알게 되었다. 우리가 이 일에 반응해야 하지 않겠는가?

하나님은 교회를 재정 자원으로 축복하심으로써 놀라운 청지기의 책무를 주셨다. (선교사 파송, 선교학 지식, 단체의 조직, 전략적 사고, 훈련된 헌금 생활, 창의적인 동원 방법 면에서) 우리의 역사는 세계 교회를 위한 정보와 경험이 가득한 '보고'다. 전 세계의 학생 대표단, 신학대학원생, 교회 지도자가 선교에 들인 수고의 결과를 더 풍성하게 만드는 통찰력을 얻고자 미국 올랜도에 위치한 파이오니어 사무실에 자주 방문한다. 그들이 원하는 바는 동역이지 우리를 대체하려는 게 아니다. 현지 성도 중에 점점 더 많은 일꾼을 파송할 테지만, 그와 동시에 타 나라에서 온 선교사와 점차 더 협력하게 될 것이다. 지금은 멈출 때가 아니다.

> "어느 나라든 선교사를 필요로 하는 곳은 정말 정말 많다.
> 부르심에 응하는 일에
> 그 누가 왜 예외가 되어야 하는지를 나는 알지 못한다."
> _ 교회 지도자

2. 과학 기술은 복음의 접근성을 높여주지만, 복음의 필요는 여전히 광대하다

때로는 좋은 소식과 나쁜 소식 둘 다를 들고 있는 게 무척 어렵다. 사람들은 이쪽 아니면 저쪽에 집중하는 걸 좋아한다. 지상명령의 규모는 매우 광범위하기에 두 현실이 적용된다. 괄목할 만한 진보가 이루어지고 있다는 소식과 여전히 요원하다는 점이다.

어느 밤, 동남아시아에서 유럽으로 날아가면서, 인도의 도시와 시골에서 아른거리는 불빛들을 오래 내려다보았다. 그 모습은 마치 머지않아 인도가 중국의 인구를 뛰어넘을 것이라고 보여주는 것 같았다. 그날 밤 내가 불빛으로 보았던 14억이라는 소중한 사람 중에, 수억 명이 아직도 복음을 모른다. 나는 그게 너무 무거운 임무라는 걸 발견했다. 유럽이나 남미를 여행할 때도, 그 필요와 도전에서 느끼는 압도감은 동일하다. 추수할 것은 많되 일꾼이 적다. 그것이 예수님께서 세상을 바라보신 방법이고, 오늘날에도 여전히 유효하다.

무수한 사람이 여전히 구원의 메시지를 들어보지 못했다. 수억의 사람이 교회가 없는 곳에 산다. 그들은 어쩌면 그리스도인을 단 한 명도 알지 못할 것이다. 자신들의 언어로 된 성경을 발견할 수 없을지 모른다. 가까이에 교회가 있다고 해도, 그들이 필연적으로 복음을 접하게 되는 것은 아니다.

예를 들어, 도시 속 교회의 존재가 그 도시에 사는 모든 종족이 복음을 듣게 되었음을 의미하지 않는다. 문화 장벽과 언어 장벽은 지리와 무관하다. 어떤 지역을 보면 복음화된 종족 출신의 성도들은 교회에서 예배를 드리는 반면, 거기서 불과 몇 블록 떨어진 곳에는 미자립 종족 공동체가 있다. '미자립' 종족이란 보통, 교회 개척의 노력이 없는 종족을 가리킨다. 그들 가까이에 신자들이 살 수는 있지만 그 언어는 미전도 종족 이웃이 이해하지 못하는 언어일 수 있다. 그들은 그 문화에 맞는 종교 형식을 사용하는데, 그것이 타인에게는 혼란스럽거나 불쾌할 수 있다.

앞으로의 10년 동안 세계 교회가 미전도 종족을 복음화하는 데 협력한다는 것은 가슴 뛰는 일이다. 하지만 모든 종족에게 복음을 전달하는 일이 지상명령의 완성은 아니다. 윈스턴 처칠의 지혜를 빌리자면, 그것은 단지 '시작의 끝'일 뿐이다.[17] 지상명령은 모든 민족을 제자로 삼고, 세례를 주고, 예수님께서 지시하신 것을 가르쳐 지키게 하는 것이다. 거기에는 상당한 시간이 걸릴 수 있다. 당신은 어쩌면 "선교사가 세운 현지 교회들이 그 일을 마칠 수는 없을까?"라고 질문할지 모르겠다. 대답은 '예스'다. 때로는 그럴 수 있다. 실제로 교회 운동이 여러 문화권에서 활발히 일어나고 있으며 개척 사역의 시작점과 계기로 작용하기도 한다. 어느 시점에 이르면, 해외 선교사가 불필요해지거나 선교사가 현지 교회 성장에 방해가 될지도 모른다.

하지만 교회 운동은 의도적인 선교에 대한 노력 없이는 언어 장벽과 문화 장벽을 넘지 못한다. 자연스러운 교회 성장은 종족 그룹 안에서 발생하는 경향이 있다. 정치적, 문화적, 언어적 장벽을 넘어서는 일은 특별한 집중력과 기술을 요구한다.

그 결과, 교회의 성장에도 불구하고 수천의 종족 그룹에게는 여전히 자신들을 문화적 측면에서 유의미한 방식으로 제자화 할 사람이 아무도 없다. 문화의 경계를 넘는 일을 촉진하는 사

> "어떤 교인들은 선교헌금을 '현지 성도'를 위한 구제헌금으로 바꾸었다. 그게 더 효과적이라고 생각했기 때문이라고 한다. 그러나 '현지 성도가 없는 곳이 많다고 설명하면 놀랄 것이다."
> _ 선교사

> "현지인을 리더로 세우라는 압력은 필요하고 귀하다. 하지만 그들은 때로 타 나라 사람들이 더 쉽게 할 수 있는 사역에서 어려움을 겪는다. 편견과 인종차별과 역사적 악감정 때문이다."
> _ 선교사

역에는 수만 명의 선교사가 여전히 필요하다. 그런 선교사 중 일부는 해외에서 올 수 있고 또 와야 한다고 나는 믿는다.

3. 현지 교회가 선교의 비전을 갖춰가고 있지만, 그렇다고 우리의 비전을 잃어야 한다는 뜻은 아니다

하나님께서 당신에게 이제는 다른 나라에 선교사를 파송하지 말라고 통보하신다면, 당신의 심정이 어떨지 잠시 생각해보라. 우주의 역사상 가장 위대한 구원 임무에서 배제되는 것에 대해 당신은 어떤 기분이 들까? 안도감일까? 그 느낌은 슬픔이고 의로운 질투심이어야 한다. 우리의 소명은 거친 일이 아니다. 그것을 헤치워야 더 재밌고 즐거운 무언가를 할 수 있는 지루한 일도 아니다.

열방을 제자로 삼는 일은 이 시대를 향한 하나님의 계획이시다. 그리스도의 십자가 승리에 자연스럽게 뒤따르는 일이다. 모든 시대를 통틀어 가장 크고, 가장 대담하고, 가장 하나님을 영화롭게 하는 일이다. 이를 통해 "하늘에 있는 통치자들과 권세들에게 하나님의 각종 지혜를 알게 하려"는 일이기 때문이다(엡 3:10). 그것은 성경의 중요한 줄거리이고 이 땅에서의 짧은 시간 동안 우리가 끝마쳐야 할 과제다.

다른 사람들은 임무를 수행하고 있는데 왜 우리는 그 일에서 열외하려 하는가? 그것은 마치 다른 형제들이 아버지의 재산을 받을 수 있으니 나는 풍요로운 선대의 유산을 거절하겠다는 것과 같다. 그건 말이 안 된다.

4. 모두의 신앙생활은 선교에 빚을 지고 있다

선교사가 파송될 필요가 없다는 생각의 배후에는 선교사의 사역이 성공적이지 못했다는 가정이 깔려 있다. 그들은 열심히 일해놓고도 일자리를 잃는 것이다. 오늘날 성장한 남반구 교회는 선교사들의 사역을 통해 세워졌고 그중에 많은 수가 서구 선교사다. 몇 걸음 더 나아가 생각해보면, 온 세계의 모든 그리스도인은 어느 시점에서의 선교 노력이 뒤따른 결과다. 모두의 신앙생활은 선교에 빚지고 있다.

세티아의 예를 들어보자. 그녀는 앞서 언급했듯이 그 나라 안의 미전도 지역에서 매우 유능한 선교사다. 세티아가 어떻게 성도가 될 수 있었을까? 수년 전 그녀가 있는 도시로 이동해 와서, 그녀의 언어를 배우고, 그녀가 이해할 수 있는 방식으로 복음을 설명한 선교사들을 통해서다.

세티아가 어떻게 복음주의적인 성경 공부를 인도하고 〈예수〉 영화를 보여줄 수 있었을까? 세계 선교를 향한 많은 이들의 선교 노력이 성경 공부 교재를 만들게 했고, 그녀가 다가가려는 종족의 언어로 성경을 번역했기 때문이다.

그리스도 몸의 한 지체가 교회 성장에 많은 결실을 맺고 있다고 해서 다른 지체가 맡은 책임이 무효화되는 게 아니다. 선교사의 사역이 성공적이었고 모두가 신앙의 뿌리를 그들에게서 찾을 수 있다면, 선교사 파송을 왜 멈추어야 하는가? 파이오니어의 설립자인 장인어른은 말씀하시곤 했다. "지금의 당신을 있게 한 그것을 가지고 가라."

5. 비용 절감만이 선교의 주 목표가 아니다

세계 복음화는 재정 면에서나 여러 다른 면에서 대가를 치른다. 선교와 관련된 담화는 모금의 필요를 중심으로 이루어진다. 현장에서 가장 큰 필요는 재정이므로, 가능하다면 가장 저비용 선교사를 택해야 한다는 인상을 받는다. 그러나 경험상, 현장에서 가장 큰 필요는 인격과 열정적 끈기의 힘을 갖춘 크리스천 사역자다. 재정이 그 방정식의 중요한 부분이라는 점은 부인하지 않겠다. 재정을 모으기 위해 얼마나 많은 관심과 에너지를 집중하는가? 당연하지만, 이것을 이렇게 대담하게 드러내 말하는 사람은 많지 않을 것이다. 하지만 주변의 무수한 재정적 필요를 살피는 동안 머릿속을 분주히 오가는 건 바로 이 생각이다. 투자 대비 수익 말이다. 우리는 공들인 자원만큼 최대 효과를 내고 싶어 한다.

얼마 동안, 나는 다섯 가정이 모이는 가정 교회의 일원이었다. 우리 교회는 건물을 위한 대출금이나 직원 사례비 대신, 세 자녀를 둔 어느 가정을 아시아에 선교사로 파송하는 비용을 감당하는 데 집중했다. 우리의 재정은 선교비 비중이 매우 높았다. 하지만 평균적인 북미 교회는 그 이상을 할 수 있을 것이다.

2019년에 복음주의 그리스도인이 미국 성인 인구의 25퍼센트를 차지했는데, 그것은 오늘날 8,300명에 해당한다.[18] 만일 200명의 미국 그리스도인이 1명의 선교사를 추가로 파송하려고 힘을 모은다면, 선교지에서 일할 41만 5,000명의 일꾼을 얻게 된다.

1970년대에 미전도 종족이라는 개념을 널리 알리고 세계 선교를 위한 미국 센터를 세운 랄프 윈터 박사는 '전시'(wartime) 생활 양식을 지지했다. 그것은 생활 방식을 단순화하는 것과는 달랐다. "만약 누군가가 참호에서 군용식사를 한다면, 그는 거액을 사용하고 있는 게 아니다"라고 윈터 박사는 설명했다. "하지만 전투기를 조종하는 군인은 기술 비용으로 한 달에 4만 달러(약 5,400만 원—역주)를 쓴다. 달리 말하자면, 전시에는 평상시의 생활 양식을 모델로 삼아 판단하지 않는다. 중요한 건 임무를 완수하는 일이다."[19]

지상명령은 물론이고, 중요한 가치에 열정을 진지하게 추구하는 일은 값비싼 대가를 치르기 마련이다. 강조하고 싶은 말은, 자원을 낭비하라는 게 아니라 비용과 위험은 그 임무의 중요도에 따라 평가해야 한다는 것이다.

모두가 최적의 재정 관리를 추구하지만, 효율성에 대한 지나친 강조를 조심하라고 말하고 싶다. 그러다가 그리스도의 몸의 확장과 같은 다른 가치들을 부당하게 대체할 위험이 따르기 때문이다. 자원이 제한된 만큼 효율성에 대한 담론은 언제나 촉발될 수 있다. 그것은 꼭 필요한 토론이지만, 하나님은 결국 지상명령 성취를 위해 재정과 인력을 공급하는 분이심을 잊지 말자. 효율성은 고려해야 할 여러 항목 중 하나일 뿐이다.

2022년 '세계 선교 통계' 자료에 의하면, 전 세계 그리스도인의 수입은 약 53조 달러다. 우리는 그중에 520억 달러(약 67조 6천억 원—역주)를 해외 선교에 사용했다.[20] 520억 달러는 큰 금액인 것 같지만, 수입 중 0.1퍼센트에 불과하다. 더군다나 그 금액이 전부 미전도 종족 사역을 위해 사용한 것도 아니다. 세계 해외 선교에 관한 정의는 꽤 넓을 수 있다. 참고로 2022년 '세계 선교 통계' 자료에 의하면, 세계 선교에 사용한 금액(520억 달러)보다 더 큰 금액이 기독교 단체의 횡령액(590억 달러, 약 76조 7천억 원—역주)이다.[21]

교회에 선교사가 부족한 것은 우리가 파송한 선교사에게 너무 큰 비용이 들어가기 때문이 아니다. 의사 결정과 재정적인 측면에서 선교에 적절한 우선순위를 두지 않기 때문이다. 남반구 출신 사역자가 자신들의 나라 혹은 이웃 나라에서 사역하도록 후원하는 것은 사역 진척을 위해 적절한 전략일 수 있고 비용 절감 차원에서도 효과적일 수 있다. 다른 나라에서 선교사를 파송해 중요한 문화의 경계를 넘어가는 역할을 겸손히 섬기도록 하는 것도 마찬가지일 수 있다. 나는 둘 다 더 많이 목도하고 싶다. 우리에게는 재정을 잘 관리해야 할 책임이 있다. 주 예수님께서 직접 우리에게 말씀하신, 성취해야 할 명령도 있다. 만약 지역교회에서 선교사 파송을 멈춘다면, 성도들은 그 사역으로부터 멀어질 것이다. 예견하건대, 한 세대가 지나지 않아 재정마저도 보내지 않게 될 것이다.

6. 건강한 교회의 지표는 선교다

선교사 파송을 중단하겠다는 결정의 뒤에는 위험한 가정이 있다. 지역교회가 다른 공동체 및 문화권에 선교사를 파송하지 않고도 건강하게 유지될 수 있다는 생각이다. 하지만 건강한 교회의 지표는 탄탄한 선교 중심성 아래 타 문화적인 사역으로 성도를 파송할 때 가장 분명하게 드러난다.

선교사 파송은 교회의 건강성을 확인하는 한 가지 지표일 뿐만 아니라 교회를 건강하게 세우는 주 기여자다. 세계 교회의 주요 교단은 쇠락하고 있지만, 그중에서도 영적으로 생동감 넘치는 영역은 남반구에서 발견된다는 사실에 주목하라. 남반구 교회는 열정적으로 지상명령을 받들고 있다. 그들의 한 가지 목표는 자신들을 낳아준, 쇠락하는 '모교회'의 재복음화다. 우리는 자기 보호라는 착각에 빠지지 않도록 조심해야 한다. 자기 보호는 사실상 교회의 성장을 방해하고 점차 무능하게 만든다.

사도 바울 및 1세기 교회 개척자들 덕분에, 초대교회는 엄청난 박해 속에서 성장했고 그 수도 늘었다. 몇 세기가 흐르면서 교회는 대체로 선교 사명을 잃어버렸다. 초점이 내부에 맞춰졌고 '가장 먼 곳'은 무시되었다. 시간이 흘러 복음화되지 않은 나라가 북아프리카 및 기타 기독교 지역을 점령했다. 그 결과를 확인하려면 8,400만 인구의 튀르키예를 방문해보라. 오늘날 알려진 튀르키예 성도 수는 1만 명보다도 적다. 아니면 터툴리안의 고향이자 신약성경의 정경화가 처음으로 공식화된 카르타고 유적지를 여행해보라. 그곳은 나중에 복음이 없는 반달족과 옴미아드에 정복당했다.

지상명령에 대한 순종이 흔들리는 곳마다 교회의 활력이 시들기 시작한다. 복음의 특권을 가진 민족이 그 메시지를 바깥으로 흘려보내지 않으면 결국 자신도 복음을 잃고 만다.

세계 선교의 열정을 잃어버린 교회에는 적어도 한 가지 공통점이 있다. 살과 피를 나눈 형제를 파송하는 일을 그만두었다는 점이다. 멀리서 선교에 동참하는 것과 동료 신자들과 함께 다른 문화권에서 '참호 안으로 들어가는' 것, 즉 영적인 공격과 거대한 도전에 맞서서 함께 고통당하며 함께 꿈꾸며 함께 전략을 세우는 일은 별개다. 이는 선교 활동을 하는 현장에만 적용되는 것이 아니라 파송하는 곳도 적용된다. 지상명령에 대한 과감한 순종과 참여는 배운 만큼 실행된다. 사실상 파이오니어에 지원한 선교 지망생들은 그들이 개인적으로 교제해 오던 해외 선교사들에게 큰 영향을 받았다. 선교는 수혜 지역만이 아니라 파송하는 교회에도 축복이다.

핵심 정리

선교사 파송은 고루한 개념인가? 남반구 교회의 고무적인 성장이 선교 풍경을 재배치한다는 점은 의심의 여지가 없다. 우리의 역할과 기여도가 변하고 있다. 하지만 선교사의 직접적인 역할이 사라졌다고 결론짓는 것은 이 아름다운 현실에 대한 오용이다. 주님은 추수할 일꾼을 보내달라고 기도할 것을 명령하셨다. 그분은 경건하고 재능있는 사역자들을 온 땅 구석 구석에서 불러오심으로써 기도에 응답하신다. 교회가 감당해야 할 도전은, 참신하고 창의적인 방법으로 노력을 배가시키는 것이다.

선교사를 더 이상 필요로 하지 않는다거나 바라지 않는다는 거짓에 속지 말라. 원수는 우리의 선교적 유산을 무력화하며 생명을 주고 믿음을 세우는 세계 선교 동참을 막으려 한다. 성도들은 준(Zune)과 같이 노후화되어 사라질 필요가 없다. 교회는 수억 명의 살아있는 사람으로 구성된, 살아있는 조직이다. 공장의 기계가 아니다. 우리는 함께 성장하고 적응하고 만들고 배우고 혁신할 수 있다.

지상명령은 어디에 있든지 하나님의 백성 모두에게 주신 것이다. 예수님은 우리 없이도 땅끝까지 이르는 과업을 마칠 수 있도록 제자를 많이 만들라고 말씀하지 않으셨다. 과업이 완수될 때까지 혹은 주님이 본향으로 부르실 때까지, 우리 중 누구도 퇴근은 없다.

← 토론을 위한 질문

1. 남반구 교회의 성장을 보여주는 통계치에 대해 어떻게 느끼는가?

2. 누군가 우리 교회가 더 이상 선교사를 파송할 수 없다고 말했다고 가정해보자. 실망하겠는가, 안도하겠는가?

3. 내가 후원하는 선교사가 남반구 출신의 리더 아래서 혹은 그들과 함께 동역한다고 생각하면 어떤 마음이 드는가?

Is The Commission Still Great?

관중이 아닌 참여자로

하나님의 뜻을 알기 위해,
우리에게는 열린 성경과 열린 지도가 필요하다.
_ 윌리엄 캐리

2001년, 당시 내가 살던 플로리다에서 그리 멀지 않은 곳에서 케빈 퀸란이라는 이름의 골동품 딜러가 어느 유품 정리 세일에서 초창기 아메리칸 스타일의 마호가니 카드 테이블을 샀다. 티 없이 깨끗한 광채는 그것이 18세기에서 온 골동품이 아니라 복제품임을 명시하는 듯 보였지만, 테이블의 상태가 좋았기에 딜러는 1,650달러(약 210만 원—역주)를 지불했다. '너무 좋아서 사실일 리가 없어 보이는' 어떤 것들이, 실제 사실일 수 있다. 퀸란이 사들인 카드 테이블은 곧 진품으로 확인되었다. 1700년대 중반 치펀데일식 작품으로 완벽하게 보존된 것이다. 거래가 끝난 2주 후 그 테이블은 경매에서 130만 달러(약 16억 원—역주)에 팔렸다.[1]

신문에서 퀸란의 이야기를 읽으면서, 나는 다른 등장인물이 궁금해졌다. 그 테이블의 소유주는 자신이 거실에 어떤 보물을 두고 있던 건지 전혀 깨닫지 못했을 것이다. 만약 알았다고 해도 상속인에게 말하지 않았을 게 틀림없지만! 상속인은 기사를 읽고 자신들의 실수를 깨닫기는 했을까. 그들만이 아니다. 적어도 100명의 골동품 딜러가 유품 정리 세일에서 퀸란과 나란히 그 테이블 옆을 지나쳤으나 복제품이라는 결론을 내리며 평생에 가장 큰 수익을 낼 투자 기회를 놓쳤다. 그 테이블의 가치를 알았다면, 그들은 분명 1,650달러보다는 더 많은 값을 쳐주었을 것이다.

그리스도인인 우리는 어떤 골동품보다도 훨씬 더 가치 있는 일을 맡은 자다. 우리는 모든 믿는 자에게 구원을 주시는 생명의 말씀을 가지고 있다. 케빈 퀸란은 그저 초창기 아메리칸 카드 테이블을 가졌을 뿐이고, 거기서 조금이라도 혜택을 얻으려면 그것을 팔아야 했다. 하지만 우리가 세계 곳곳의 다른 사람들에게 복음을 전할 때 오히려 복음은 배가된다.

세계적 변화의 속도를 높이려면 교회가 선교에 보다 적극적으로 참여해야 한다. 세계 교회의 구성이 극적으로 변화하고 이동하는 지금,

그리스도인의 역할과 전략을 재평가해야 한다. 하지만 그것이 선교에서 손을 뗄 시기라고 잘못 이해하지는 말자. 세계 선교에 참여하기에 이보다 더 가슴 뛰는 시간은 없었다. 모름지기 경주는 그 처음과 끝이 가장 흥미진진한 법이다. 우리가 얼마나 더 오래 달려야 할지 모르지만, 하나님은 지상명령이라는 경주에서 '마지막 바퀴'를 달리는 것이 어떤 느낌인지를 증언할 놀라운 특권을 우리에게 허락해 주셨다.

1968년, 올림픽에서 수천 명의 관중이 마라톤 결승 지점에 남아있었다. 이미 메달 순위는 결정되었고 장내에는 어둠이 내린 상태였다. 관중들은 큰 부상을 입고도 기권을 거절한, 탄자니아 선수 존 스티븐 아콰리를 기다리고 있었다. 이 경주를 시작한 75명의 참가자 중 28명이 기권했다. 아콰리는 자신이 기권하지 않은 이유를 이렇게 설명했다. "내 조국이 8,000킬로미터 떨어진 이곳에 나를 보낸 이유는 경주를 시작하라는 뜻이 아닙니다. 그들이 나를 보낸 이유는 경주를 끝마치라는 것입니다."

우승자가 경주를 끝낸 지 1시간도 더 지나고 나서야 아콰리는 모습을 보였다. 군중은 어둠 속에서 결승선을 통과하는 그를 환호했다. 어느 기사는 "그는 좋은 선수였다"라고 평가했다. "하지만 그의 성취, 용기, 역경에 직면했을 때 포기하지 않는 집념이야말로 역사가 그를 기억할 이유다."[2]

어떤 어려움에 직면했는지, 얼마나 많은 이들이 중간에 포기하거나 우리 옆에서 함께 달리는지와 상관없이 그 경주에서 우리 몫을 잘 끝마치려는 결단을 보여주기를 기도한다. 현재 교회가 직면한 도전은 수 세기에 걸친 선교 노력의 결과다. 우리는 지금까지 세계 교회를 세우는 일을 도왔다. 이제 교회는 과업을 위해 집결하고 역동적인 동역의 시대로 우리를 인도한다. 그 힘에 동참하자. 성급한 유품 정리 세일에 우리의 유산을 쓰지 말자.

세계 교회를 섬길 5가지 역할

교회와 선교 운동에서 비(非)서구 지도자들과 대화할 기회가 있을 때, 세계화 속 선교사의 역할을 어떻게 보고 있는지 묻기를 좋아한다. 우리는 어떤 기여를 할 수 있을까? 선교사들이 미전도 종족에게 가면 안 된다고 말하는 남반구 지도자들은 거의 없다. 겸손한 자세로 사역에 방해가 아닌 건설적인 보탬이 되는 방식으로 참여한다면 큰 도움을 줄 수 있다고 말한다.

나는 여러 해 동안 이러한 설문에 대한 응답을 정리했다. 우리가 의미 있게 세계 교회를 섬길 수 있는 역할은 격려자, 촉매자, 연결자, 자원 제공자, 개척자 등 크게 다섯으로 나눌 수 있다. 이것은 완벽한 목록이 아닐 것이다. 그 역할도 어느 한 영역에 국한된 건 아니다. 하지만 문화적 가치, 양육 방식, 교육 배경에 기초해 볼 때, 선교사는 이러한 역할에 특히나 적합하다.

격려자 교회와 세계 선교에 '격려'가 끼치는 영향력은 측량하기 어려울 만큼 지대하다. '위로의 아들'인 바나바는 초대교회가 이방 세계로 확장될 때 막강한 역할을 했다. 바울은 언제나 편지를 수신하는 교회에게 자신이 지지할 수 있는 바는 무엇이든 격려했다. 심지어 미성숙한 고린도 교인에게 쓴 편지조차 정확한 비판과 더불어 진심 어린 칭찬이 들어있다. 주 예수님은 일곱 교회에 보내는 편지에서 잘못을 지적하기도 하셨지만 격려하기도 하셨다(예를 들어, 계 2:2-6). 다른 많은 경우에서도 마찬가지셨다.

격려는 말이나 편지, 우정, 존경, 공감, 경청, 함께함 등 여러 가지 형태로 온다. 아내와 나는 인도네시아 현장 사역에서 물러난 지 25년이 되었지만, 여전히 상담을 위해 우리를 찾는 친구들이 있다. 그들이 우리의 격려를 가치 있게 여기기 때문이다. 동역자의 역할은 우리가 세계 선교에 투자할 중요한 부분이다.

촉매자 모든 문화는 고도로 예술적이고 창의적이며 유능한 인재들을 가지고 있지만, 많은 문화가 혁신보다는 연속성을 더 강조한다. 특히 이슈나 논쟁을 일으킬 만한 일은 권장되지 않을 때가 많다. 젊은이에게는 더욱 그렇다. 일반적으로 우리는 질문을 던지고 새로운 사고를 교육받는다. 그 사고방식에는 단점이 있지만, 비판적 사고는 변화를 탐색하는 데 도움을 줄 수 있다. 한 남반구의 대형교회 목사가 내게 이렇게 말한 적이 있다. "당신들은 우리라면 생각하지 못할 아이디어를 찾아내지요. 혹은 남들이 너무 형편없다고 생각할까 봐 입 밖으로 꺼내기 부끄러워하는 아이디어를 찾아내지요. 당신들은 다른 사람의 반발에도 개의치 않고 추진하지요." 그러면서 그는 설명 그 아이디어가 항상 많은 영향을 미치지는 않을지라도, 때로는 새로운 생각을 자극하는 데 도움이 된다고 설명했다.

연결자 선교사는 네트워크로 연결되어 있다. 사람과 자원을 세계적 규모로 연결시키는 능력은 과학 기술이 상호 작용 기회를 균등화함에 따라 미래로 갈수록 점차 그 중요성이 떨어질 것이다. 그러나 현재는 우리의 네트워크 기술이 세계 교회에 유익을 끼칠 수 있다. 우리는 콘퍼런스, 싱크 탱크, 협력 파트너십 조직을 좋아한다. 우리는 선교 역사에 대한 방대한 데이터 아카이브와 기록을 가지고 있다. 특히 각 선교 단체들은 파트너십과 협업의 풍부한 역사를 지니고 있으며, 사역과 타 문화 경험이 켜켜이 쌓인 보관소다.

자원 제공자 자원을 기부한다고 생각하면, 우리는 재정을 가장 먼저 떠올릴 것이다. 세계 기준으로 볼 때 교회는 매우 부유하며, 재정에 대한 청지기 정신은 큰 영향을 끼칠 수 있다. 또한 훈련과 교육 자원이 있다. 문헌, 신학교, 강좌, 과학 기술, 모바일 앱이 있으며 언어학, 번역학, 선교학에 관한 경험 등이 그렇다. 이러한 자원으로 앞으로의 세대를 위해 세계 교회를 복되게 할 수 있다.

개척자 우리는 개척을 좋아한다. 특히 미국 문화는 이러한 가치를 높이 평가한다. 우리는 "할 수 있다" 정신을 가진 사람들이다. 미전도 종족의 최전방에 접근하는 일은 세계화와 정치계에 부는 바람에 의해 영향을 받지만, 일부 지역에서 서구 선교사는 남반구보다 (특히 교육과 비즈니스에서) 비자와 일자리를 보장받기가 더 쉽다. 많은 종족 그룹이 아직도 미전도 종족이다. 그들 모두가 복음을 접하려면, 교회가 여전히 개척해야 할 사역이 아주 많다.

다시 한번 말하지만, 이 역할 중 어느 특정 지역의 선교사에게만 국한된 역할은 단 하나도 없다. 다른 문화 출신의 사람들도 선교적 상황에서 이 일들을 다 감당할 수 있고 또 잘할 수 있다. 모든 사람은 각각 서로 다른 은사를 가지고 있기에, 모두가 앞서 묘사한 특징에 부합하지는 않을 것이다. 나의 의도는 그리스도인이 어떻게 지상명령에 동참할 수 있는지 예시를 보여주려는 것이지 선택을 좁히려 하는 것이 아니다.

우리는 강점 못지않게 약점도 지니고 있음을 잊지 말자. 내가 속한 서구는 희생적인 삶을 살거나 철야 기도회에 출석하는 면에서는 칭찬받지 못할 때가 많다. 때로는 타 문화적인 감각이나 언어 습득 감각이 부족하다. 복음을 위해 고난을 당하는 면에서도 위대하다고 볼 수 없다. 또한 나 자신에 대한 두려움 때문은 아닐지라도, 자녀에 대한 염려 때문에, 혹은 사랑하는 이들과 파송교회의 간청 때문에, 혹은 법적인 문제를 피하기 위해, 위험이 닥칠 때 그 나라에서 도망치는 경향이 있다. 분명 다른 문화 출신의 성도들이 우리보다 뛰어나게 선교 사역을 감당하는 부분이 있을 것이다.

모든 문화는 하나님의 위대한 추수에 기여할 만한 강점을 가지고 있다. 그러나 그것은 우리가 '주는' 것만이 아니라 지상명령에 참여함으로써 '받는' 것이기도 하다. 하나님께서 몇몇 그리스도인에게 가라고 부르실 때, 그들을 보내는 사람 역시 복을 받는다. 외부에 초점을 맞추면 우리의 마음과 생각이 확장되고 교회의 효율성이 커진다. 미전도 종족 사람들이 우리 마을이나 공동체에 올 때 특히 더 그렇다.

사회가 변화함에 따라, 선교에 관한 점점 더 많은 기술이 필요하다. 우리만의 세상에서 벗어나, 다른 문화권에서 온 그리스도의 제자들과 함께 팔을 맞잡을 때, 영적 여정은 더욱 풍성해진다. 이로써 천국을 조금 맛본다.

선교가 추구해야 할 가치

경영전문가 피터 드러커는 "문화에 비하면 전략은 아침 식사일 뿐이다"[3]라고 말했다. 삶의 다른 영역과 마찬가지로 선교에서도 역할과 전략만이 아니라 그것을 뒷받침할 가치와 문화가 중요하다. 선교에 대한 헌신과 영향력을 강화하기 위해 다음의 4가지 가치를 제안한다.

편법이 아닌 성경의 가치 예수님의 제자인 우리가 선교에 참여하는 이유는 편하거나 즐거워서가 아니라 선교가 하나님을 기쁘시게 하기 때문이다. 말씀은 하나님을 어떻게 경배하고 순종해야 하는지 가르친다. 우리도 이 말씀에 기초해 다른 사람을 가르쳐 지키게 해야 한다. 주님은 세상을 위해 생명을 주셨다. 우리는 복된 소식을 전하는 자이며, 지구 곳곳에 그분의 선하심을 선포하는 특권인 '아름다운 발'을 가졌다(사 52:7). 예수님께서 그분의 세상에서 우리의 세상으로 파송되셨듯이, 예수님은 이제 그분의 교회를 다른 문화권으로 파송하신다. 우리는 임무를 완수하기 위해 위험을 감수하고 값비싼 대가를 치러야 한다. 거기에는 목숨도 포함한다.

그리스도께서 우리를 홀로 버려두지 않으신다. 그분은 우리가 가는 곳마다 함께하겠다고 약속하셨다. 성령님을 주셔서 모든 진리 가운데로 인도하시고 능력을 주신다.

용병이 아닌 협동의 가치 전 세계적인 활동에 참여하는 것에는 대단한 기쁨이 있다. 복음 사업에서 문화의 경계를 넘나드는 동역은 새로울 게 없다. 교회는 1세기부터 그렇게 해왔다. 상대적으로 새로운 점은 이런 협력이 오늘날에는 더 크고 더 편리해졌다는 거다. 이제는 선교지 교회들이 세계 어디에서든지 성도들과 자원에 접근할 수 있다. 아시아, 아프리카, 라틴아메리카, 태평양 지역의 형제자매들이 지상명령 완수 과업에 열심히 참여한다.

이것은 복음의 전진에서 대규모 잠재력을 의미한다. 그들에게는 주님을 향한 깊은 사랑과 주님의 영광을 위한 열정이 있다. 또한 그들은 기꺼이 개인적 값을 대가로 치르려는 의지를 지녔는데 이것은 서구인들에게는 부족한 점이다. 지상명령에 대한 우리의 책임을 그들에게 위탁하려는 의도여서는 안 되지만, 긴급성을 공유하고 사랑 안에서 서로 어깨를 맞대고 함께 수고해야 한다.

저렴한 비용이 아닌 전략적 가치 선한 청지기 정신은 필수적이다. 누구에게나 매우 현실적인 예산의 한계가 있다. 하지만 선교에서는 최소 비용이 드는 방안을 찾는 것보다 전략이 더 중요하다. 때로 전쟁에서 이기려면 값비싼 장비와 값비싼 계획이 필요하다. 하나님께서 공급하시는 자원을 가장 잘 사용하기 위해 모두가 지혜를 구해야 한다. 답은 쉽지 않다. 게다가 그 답은 교회나 개인마다 서로 상당히 다를 것이다. 하지만 목표는 같다. 하나님께서 주신 복음의 씨앗이 풍성한 열매를 맺는 것이다. 교회가 전 세계적으로 성장함에 따라 노동력, 모금 자원, 잠재적 혁신도 늘어난다.

> "우리에게는
> '모든 사람이 모든 곳으로'
> 정신이 더욱 필요하다.
> 어떻게 선교사 파송이
> 건강한 교회를 향한
> 하나님의 계획하심의 일부인지를
> 나타내는 임무를
> 훌륭히 완수해야 한다."
> _ 선교사

수동적이 아닌 창의적 가치 선교의 전진을 위협하는 가장 큰 요인은 단순하게도 동기와 의지의 부족이다. 수억의 사람이 잃어버린 바 됨에 우리는 얼마만큼 애통해하는가? 그들에게 전도하려는 긴급성을 얼마나 자주 느끼는가? 하나님께서 교회에 주신 가장 효과적인 일부 자원은 만질 수 없는 것들이다. 예를 들어 창의적인 아이디어, 관계 네트워크, 진심 어린 기도처럼 말이다. 그중 어떤 것도 복음 선포에 대한 성경적 부르심을 깨닫지 않고는 건드려지지 않는다. 나는 하나님 백성의 마음과 은사로부터 솟아나는 많은 잠재력이 그리스도를 위해 열방에 가 닿는 통로가 되기를 기도한다.

다른 맛있는 '당근'들

이 책에서 다루는 주제는 하나님께서 우리에게 주신 선교라는 임무에 참여하지 못하도록 방해하는 오해만이 아니다. 비슷한 결과를 낳는 다른 인식도 많음을 발견했으며 설문 응답자들도 그중 상당수를 언급했다.

사람들은 정말 잃어버린 걸까? 천국과 지옥이 있음을 분명히 아는 것과, 구원의 필요에 대한 근본적인 확신이 그리스도인의 행동과 동기에 (아마도 무의식중에) 상당한 영향을 끼친다. 특히 복음 선포에서 그렇다. 2008년 퓨 리서치에 의하면, 미국 그리스도인의 근소한 과반수가 다른 종교도 영생으로 인도할 수 있다고 믿었다.[4] 선교지 사람들이 그리스도 없이도 괜찮다고 하는데 왜 그곳에 가서 그리스도를 이야기해야 하는가?

내가 사는 이곳에도 도울 곳이 많지 않은가? 우리가 사는 이곳에도 사회적 균열과 도전이 증가하고 있으며 관심을 점점 더 많이 요구한다. 어떤 이들은 우리 눈에서 들보를 빼내고 고향 땅의 문제를 해결할 때까지는 해외로 갈 필요가 없다고 말한다.

선교 방법이 비효율적이고 고루한 것은 아닌가? 특히 선교단체는 불편한 존재로 비칠 수 있다. 어떤 그리스도인들은 선교단체가 비성경적이며, 지역교회가 그 역할을 잘 수행한다면 선교단체는 존재하지 않게 될 것이라고까지 생각한다. 현재 파송 구조의 전반적인 비용을 부담스럽게 느낄 수도 있다.

선교사는 법을 어기는 것 아닌가? 많은 미전도 종족이 복음 전도를 법으로 금지하는 나라에 산다. 선교를 위한 비자를 내주지 않는 것은 물론이다. 만약 상황이 그렇다면, 선교사는 그곳에서 무엇을 하는가? 사업가, 교사, 국제구호대원으로 일하는 선교사들은 어떠한가? 그들은 현지인을 속이고 있는 것은 아닌가? 이러한 접근의 문제는 다루기 까다롭다.

나는 안전할 권리가 있지 않나? 당신을 미지의 세계로 밀어 넣는 것은 무책임해 보일 수 있다. 하물며 당신의 자녀를 그 삶으로 강제하는 것은 정말 그렇다. 그들은 결정에 대한 발언권조차 없다. 이 시대의 문화는 개인의 안전에 점점 더 높은 점수를 매긴다. 우리는 하나님께서 보여주실 세계보다 고향이 더 안전하다고 가정하는 경향이 있다.

상기한 내용은 선교에서 멀어지게 하고 우리의 잠재력을 온전히 깨닫지 못하게 막는 질문과 의심을 몇 가지 추렸을 뿐이다. BC 5세기 중국의 군사 전략가인 손자의 명언이 있다. "최고의 전술은 싸우지 않고 적을 굴복시키는 것이다."[5] 복음의 원수가 우리가 싸우는 싸움의 본질이 무엇인지, 하나님께서 주신 이 역할이 얼마나 귀한 특권인지를 깨닫지 못하게 막는다면, 그는 총 한 번 겨누지 않고도 우리를 이긴 것이다. 잃어버린 영혼과 그들의 영원한 운명에 대한 긴박감을 놓칠 때, 우리는 원수의 계획에 휘둘리고 만다.

하나님과 함께하는 여정에서, 그리고 다른 사람들이 하나님의 구원 계획이라는 큰 그림을 이해하도록 도울 때, 어떤 오해가 지상명령을 향한 참여를 방해하는지를 밝히도록 하라. 그것을 하나님의 말씀에 비추어 점검하도록 노력하라. 그리스도 안에서 당신의 부르심을 놓치지 말라. 당근은 후무스와 케이크를 만들기에는 좋지만, 당신의 인생을 계획하는 데 사용하지는 말라. 특히 당신에게 명확한 레이더가 있을 때는 말이다.

핵심 정리

마태복음 22장에서 예수님은 혼인 잔치의 비유를 말씀하신다. 왕은 돈을 아끼지 않고 아름다운 잔치를 준비했다. 왕의 아들이 결혼하는 것이다! 왕은 세 번에 걸쳐 종들을 보내 잔치에 초대했지만, 사람들은 너무 바빠서 참석할 수 없다고 거절했다.

어떤 사람은 그 소식을 전하는 종을 모욕하고 죽이기까지 했다. 이 이야기에서 당신과 나는 왕의 잔치에 청함을 받은 사람이다. 얼마나 믿을 수 없는 영광인가! 그런데 우리는 두 번째 복까지 받았다. 마치 구약의 선지자처럼, 왕의 초청장을 전하는 특권을 소유한 종이기도 하다. "와서 우리와 함께 축하하자"라고 외치는 종이다.

핵심 질문은 "우리가 세계 선교에 참여해야 할까?"가 아니다. "세계 선교에서 우리가 어떤 역할을 해야 할까?"이다. 그 초청장이 모든 사람에게, 모든 곳에서 유효함을 어떻게 확신할 수 있을까? 이 과정에서 우리가 특히 잘 수행할 수 있는 역할이 있다. 격려자, 촉매자, 연결자, 자원 제공자, 개척자가 그것이다. 물론 올바른 태도로 임해야 한다. 우리는 성경적이고 협력적이며 전략적이고 창의적이어야 한다. 세계 교회는 우리가 계속해서 참여하기를 간절히 바란다.

하나님의 큰 연회장이 잔치에 오지 않을 것 같던 사람들로 가득 채워질 것이다. 세계 각지에서 온 그들은 다양한 언어로 아들의 혼인을 축하하며 기뻐할 것이다. 이 잔치는 매우 성대할 것이다. 어쩌면 태평양 섬 주민들이 우리에게 춤추는 법을 가르쳐주도록, 타 나라의 선교사들이 앞서 조직해 놓았을지도 모르겠다.

토론을 위한 질문

1. 어떻게 해야 세계 선교에 가장 잘 참여할 수 있다고 생각하는가?

2. 선교에 관해 머릿속에 떠오르는 다른 '맛있는 당근'이 있는가?

3. 이 책을 되돌아볼 때, 어떤 오해가 당신과 당신의 교회에 가장 부정적인 영향을 끼쳤다고 생각하는가?

끝맺는 글

지상명령은 여전히 중요하다

우주에는 중립 지대가 없다.
아주 작은 공간, 아주 짧은 시간도
하나님께 속했거나 아니면 사탄에게 속했다.

_ C. S. 루이스

에펠탑은 파리세계박람회의 주요 작품으로 1889년에 개장했다. 약 305미터 높이로 이후 약 40년간 세계에서 가장 높은 건물로 남았다. 에펠탑이 그렇게 오래 존속될 줄은 아무도 몰랐다. 본래 20년 후에 철거될 예정이었기 때문이다. 프랑스 정부는 에펠탑이 전신 송신기의 역할을 매우 훌륭하게 수행한다는 사실을 발견하고는 철거 계획을 취소했다. 그들은 에펠탑을 대서양의 선박과 소통하는 데 사용했고, 1차세계대전 중에는 독일의 통신을 방해하는 데 사용했다.[1] 그러나 프랑스

대중이 에펠탑과 사랑에 빠진 이유는 좀 달랐다. 에펠탑은 전망의 민주화를 달성했다. 에펠탑이 생기기 전, 파리를 그러한 높이에서 내려다보는 유일한 방법은 열기구뿐이었고 아주 부유한 사람만이 그 비용을 감당할 수 있었다. 반면 에펠탑에 올라가는 티켓은 평범한 시민도 지불할 수 있을 만큼 저렴했다. 그들은 스카이라인을 감상할 수 있었고 자신이 사는 동네를 파리의 넓은 파노라마 안에서 누릴 수 있었다. 에펠탑은 파리의 시민에게 너무나 중요해져서 2차세계대전 중에 독일이 파리를 점령했을 때 프랑스 정부는 엘리베이터 케이블을 끊어 독일군이 그 전망을 감상하려면 계단을 올라가야 하도록 만들었다.[2]

지상명령도 에펠탑이 프랑스 정부와 파리 시민에게 제공한 것과 동일한 이로움을 그리스도인에게 제공한다. 지상명령은 우리를 세계 교회와 연결하고 '열방의 제자화'라는 하나의 목적으로 묶는다. 역사를 관통하는 하나님의 구원 계획이라는 파노라마를 밝히고, 우리 각자가 세계적 규모와 영원의 차원에서 개인의 목적을 발견하게 한다.

1925년 5월, 한 일간지는 에펠탑이 녹슬기 시작했고 대대적인 수리가 필요하다는 기사를 실었다. 얼마 지나지 않아, 파리에서 가장 유망한 고철 딜러 5명이 전자통신부처 차관인 빅터 루스티히의 서명이 담긴 편지를 받았다. 루스티히는 에펠탑을 수리하는 데 막대한 비용이 들기 때문에 정부가 어쩔 수 없이 7천 톤의 철골 구조를 고물로 판매하기로 결정했다고 설명했다. 루스티히는 공개 입찰을 위해 한 유명 호텔에서 고철 딜러들과 만나기로 했다. 대중은 에펠탑 철거에 반대할 가능성이 크기 때문에 그 계획은 비밀에 부쳐 달라고 루스티히는 강조했다.

대부분의 부도덕한 정부 관료처럼, 루스티히는 공개 입찰자 중 1명인 안드레 푸아송에게 계약 성사를 보증하는 상당한 금액의 뇌물을 요구했다. 푸아송은 어쩔 수 없이 응했다. 돈이 오가고 난 직후, 푸아송은 수익성이 좋아 보인 이 거래의 함정을 발견했다. 빅터 루스티히는 사기꾼이었다. 심지어 프랑스인도 아니었다. 그의 이야기는 그럴듯했고 연기는 설득력이 있었기에, 그는 6개월 후 또 다른 고철 딜러에게 에펠탑을 다시 팔았다. 푸아송은 너무 부끄러운 나머지 이 사기 사건을 경찰에 신고할 수 없었다고 했다.[3]

하나님은 아들의 생명으로 값을 지불하신 구원 계획이 실패로 돌아가는 일을 허락하지 않으신다. 파리가 그들이 사랑하는 에펠탑을 고물로 팔지 않을 것처럼 말이다. 하지만 그것이 원수가 지상명령을 방해하기 위해 할 수 있는 온갖 처사를 멈추게 하지는 않는다. 원수의 책략은 하나님의 뜻을 왜곡하고 속이고 흐트러뜨린다. 원수는 자신에게 속하지도 않고 판매할 수도 없는 것을 팔고 싶어 한다. 속임수에 속지 말라. 한 번 이상은 더더욱 안 된다.

오늘날 세계에서 일어나는 가장 중요한 일은 복음이 성령님의 능력에 의해 땅끝까지 전진하는 것이다. 하나님은 사랑하는 아들의 신부로 세계 교회를 준비하고 계신다. 우리는 그 과정에 참여하는 엄청난 특권을 가졌다. 복음은 전 세계를 위한 것이고, 지상명령은 그리스도를 믿는 모든 사람을 위한 것이다. 그리스도인은 땅의 모든 민족을 구원하시는 하나님의 크신 계획을 이해하고 그 추수의 노력 안에서 자신의 자리를 찾아야 한다.

이 책에서 우리는 하나님의 구원 계획에 전심으로 참여하지 못하도록 의욕을 꺾는 8가지 오해들을 들추고 살폈다. 각각의 오해가 얼마나 불균형하고 단순하며 거짓된 가정 위에 세워져 있는지에 주목했다. 선교는 하나님의 아이디어이시다. 우리의 계획이 아니다. 선교는 하나님께서 지금 전 세계에서 일하고 계신 중심 주제다. 선택적이고 부차적인 프로젝트가 아니다. 선교는 문화의 경계를 넘어 제자 삼는 일이다. 선교는 단순한 선행이 아니다. 선교는 다른 사역을 제한하지 않으며, 다른 일상과 경쟁하지도 않는다. 선교는 장기적인 과정이다. 단기 선교 여행으로 강화될 수 있지만 대체될 수는 없다. 선교는 모든 사람을 위한 것이다. 특별하거나 뛰어난 성도만이 참여할 수 있는 전유물이 아니다. 선교는 하나님께서 구속하시려는 문화에 해를 가하지 않는다. 선교는 쇠락하지 않는다.

신실한 선교사와 그들을 기도하고 후원하는 성도의 사역은 세계 곳곳에 깊은 영향력을 끼친다. 만약 우리가 무관심, 집중력 상실, 불순종, 무능력의 먹이가 된다면, 우리는 더 이상 선교에 참여할 수 없을 것이다. 하지만 그럼에도 하나님의 약속과 목적은 궁극적으로 승리할 것이다.

요한계시록 5장에서 사도 요한은 하나님의 보좌가 계신 방에 서서

> "추수의 주님은 순종하는 모든 성도에게 제 역할을 주셨다. 그 역할은 시간에 따라 변할 수 있지만, 핵심은 하나님께서 고안하신 방법에 예배로 참여하는 것이다."
> _ 선교사

> "당신은 복음을 더 좋게 고칠 수 없다. 지상명령은 우리의 가장 위대한 동력이어야 한다."
> _ 교회 지도자

울고 있다. 하늘과 땅의 어느 누구도 세상에 대한 심판을 담은 두루마리를 열 수 없기 때문이다. 요한은 어린양 예수님을 경배하기 위해 장로들과 생물들이 내려올 때 위로를 받는다. 예수님은 "각 족속과 방언과 백성과 나라 가운데에서 사람들을" 사기 위해 죽임을 당하셨기 때문에 (계 5:9) 그 두루마리를 열 자격이 있으시다. 그들의 찬양이 강조하는 바는, 그리스도께서 많은 사람을 구속하셨다는 것이 아니라 그 사람들이 인류의 모든 스펙트럼을 대표한다는 것이다. 우리는 언젠가 하나님께서 아브라함에게 주신 약속, "땅의 모든 족속이 너로 말미암아 복을 얻을 것이라"(창 12:3)의 성취를 기뻐할 것이다. 그러면 모든 역경과 엄청난 대가에도 불구하고 세계 구원이라는 임무를 끝내 완성할 것이다.

교회인 우리는 그리스도의 자비, 사랑, 세상을 심판하실 권위를 증명하는 통로가 되는 영광을 누린다. 그리스도는 언젠가 우리와 함께 나란히 예배할 부족과 민족과 열방에게 구원의 메시지를 전달하도록 우리를 초청하시고 명령하신다. 믿음으로 확신으로 기쁨으로 반응하자. 우리를 위해 돌아가신 분의 영광을 고집스럽게 추구하면서 삶을 드리자. 우리의 하나님이 소중하시기에, 지상명령도 여전히 소중하다.

감사의 글

이 책을 준비한 모든 과정은 파이오니어가 소중히 여기는 핵심 가치들을 보여줍니다. 하나님의 영광을 담으려는 열심, 자료를 조사하고 글을 쓰는 과정에서의 팀워크, 도전을 마주할 때의 혁신과 유연성, 원고의 페이지마다 담긴 은혜와 같은 것입니다.

맥신 맥도널드가 설문조사에 관한 통찰, 설명, 내용을 한데 엮어준 것에 특별한 감사를 표합니다. 그 헌신에 대해서는 아무리 고마움을 표현해도 모자랍니다. 우리는 훌륭한 팀입니다. 더불어 설문 응답으로 도움을 주신 교회 지도자, 성도, 선교사들께 진심으로 감사의 마음을 전합니다. 편집을 도우며 격려해 준 매트 그린에게 감사를 드립니다. 초안에 대한 피드백을 주신 분들께 감사합니다. 여러분 덕분에 책의 내용을 구체화하고 주제를 확정했습니다. 마지막으로 이 책을 지지하며 다듬어준 드류 다이크, 앤드류 스펜서 그리고 무디 출판사에 깊은 감사를 드립니다. 이 모든 과정이 제게 큰 기쁨이었습니다.

주

시작하는 글: 왜 '당근'으로는 충분치 않은가

1. K. Annabelle Smith, "A WWII Propaganda Campaign Popularized the Myth That Carrots Help You See in the Dark," *Smithsonian Magazine*, August 13, 2013, https://www.smithsonianmag.com/arts-culture/a-wwwii-propaganda-campaign-popularized-the-myth-that-carrots-help-you-see-in-the-dark-28812484/.
2. Anne Ewbank, "Why Wartime England Thought Carrots Could Give You Night Vision," *Atlas Obscura*, October 25, 2017, https://www.atlasobscura.com/articles/carrots-eyesight-world-war-ii-propaganda-england.

1장 선교는 부차적 사명이라는 오해

인용문: F. Lionel Young III, *World Christianity and the Unfinished Task: A Very Short Introduction* (Eugene, OR: Cascade Books, 2021), 92.

1. Ken Curtis, "Whatever Happened to the Twelve Apostles?," Christianity.com, April 28, 2010, https://www.christianity.com/church/church-history/timeline/1-300/whatever-happened-to-the-twelve-apostles-11629558.html.
2. 1 Clement 5:6-7 in *The Apostolic Fathers in English*, 3rd ed., ed. and trans. Michael W. Holmes (Grand Rapids, MI: Baker Academic, 2006), 45.

3. Chris Tomasson, "Vikings: 50 Years Later, Jim Marshall's Wrong-Way Run Remains an NFL Classic," TwinCities.com *Pioneer Press*, October 17, 2014, https://www.twincities.com/2014/10/17/vikings-50-years-later-jim-marshalls-wrong-way-run-remains-an-nfl-classic/amp/.
4. "Jim Marshall's 'Wrong Way Run,'" NFL.com, accessed November 30, 2021, https://www.nfl.com/100/originals/100-greatest/players-54.
5. Quoted in Juan V. Esteller, "The Secular Life at Harvard," *Harvard Crimson*, January 19, 2016, https://www.thecrimson.com/article/2016/1/19/secular-harvard-esteller/.
6. Peter Greer and Chris Horst, *Mission Drift: The Unspoken Crisis Facing Leaders, Charities, and Churches* (Bloomington, MN: Bethany House, 2014), 16-18.

2장 우리가 하는 모든 것이 선교라는 오해

인용문: C. Gordon Olson, *What in the World Is God Doing?: The Essentials of Global Missions: An Introductory Guide*, 5th ed. (Cedar Knolls, NJ: Global Gospel Publishers, 2003), 12.
1. Mary Beth Quirk, "15 Product Trademarks That Have Become Victims of

Genericization," *Consumer Reports*, July 19, 2014, https://www.consumerreports.org/consumerist/15-product-trademarks-that-have-become-victims-of-genericization/.

2. "The Origin of the Word 'Yucatan,'" *Yucatan Times*, January 17, 2020, https://www.theyucatantimes.com/2020/01/the-origin-of-the-word-yucatan/.

3. Beth Sagar-Fenton and Lizzy McNeill, "How Many Words Do You Need to Speak a Language?" BBC News, June 24, 2018, https://www.bbc.com/news/world-44569277.

4. "Status of Global Christianity, 2022, in the Context of 1900-2050," derived from Gina A. Zurlo, Todd M. Johnson, Peter F. Crossing, "World Christianity and Religions 2022: A Complicated Relationship," *International Bulletin of Mission Research 46*, no. 1 (January 2022), 71-80, https://www.gordonconwell.edu/center-for-global-chrisitianity/wp-content/uploads/sites/13/2022/01/Status-of-Global-Christianity-2022.pdf.

5. Robert BG Horowitz, "Attention Rights Holders: The Lesson on Genericism from Thermos Remain Critical," World Trademark Review (April/May 2014), 78-79, https://www.worldtrademarkreview.com/brand-management/attention-rights-holders-lessons-genericism-thermos-remain-critical.

6. *King-Seeley Thermos Co. v. Aladdin Industries, Incorporated*, 321 F.2d 579 (2nd Cir 1963), quoted in "Attention Rights Holders: The Lesson on Genericism from Thermos Remain Critical," by Robert BG Horowitz, World Trademark Review (April/May 2014), 78-79, https://www.worldtrademarkreview.com/brand-management/attention-rights-holders-lessons-genericism-thermos-remain-critical.

7. Quirk, "15 Product Trademarks That Have Become Victims of Genericization."

8. Justia Trademarks, accessed December 9, 2021, https://trademarks.justia.com.

9. Velcro Brand, "Don't Say Velcro," YouTube video, 2:14, September 25, 2017, https://www.youtube.com/watch?v=rRi8LptvFZY.

10. Christopher Little, "The Case for Prioritism," *Transformed from Glory to Glory: Celebrating the Legacy of J. Robertson McQuilkin*, ed. Christopher Little (Fort Washington, PA: CLC Publications, 2015), 177.

11. "Belgian Farmer Accidentally Moves French Border," BBC News, May 4, 2021, https://www.bbc.com/news/world-europe-56978344.
12. Chris Hoffman, "Why Deleted Files Can Be Recovered, and How You Can Prevent It," How-To Geek, June 8, 2018, https://www.howtogeek.com/125521/htg-explains-why-deleted-files-can-be-recovered-and-how-you-can-prevent-it/.
13. J. Campbell White, "The Laymen's Missionary Movement," *Perspectives on the World Christian Movement: A Reader*, rev. ed., eds. Ralph D. Winter and Steven C. Hawthorne (Pasadena, CA: William Carey Library, 1992), 93.

3장 선교는 다른 일상과 경쟁한다는 오해

인용문: Quoted in C. Gordon Olson, *What in the World Is God Doing? The Essentials of Global Missions: An Introductory Guide*, 5th ed. (Cedar Knolls, NJ: Global Gospel Publishers, 2003), 64.

1. Stephen R. Covey, *7 Habits of Highly Effective People: Powerful Lessons in Personal Change*, rev. ed. (New York: Simon & Schuster, 2020), 250, Kindle. (『성공하는 사람들의 7가지 습관』, 김영사).
2. Robertson McQuilkin, *Understanding and Applying the Bible: Revised and Expanded* (Chicago: Moody Publishers, 2009), 241. (『성경의 해석과 적용』, 서울성경학교출판부).
3. "Roundabouts: An Information Guide" in *National Cooperative Highway Research Program Report 672*, 2nd ed. (Washington, DC: Transportation Research Board, 2010), chap. 1 and 5, https://nacto.org/docs/usdg/nchprpt672.pdf.
4. "Roundabouts," Issue Briefs #14, US Department of Transportation Federal Highway Administration and the Institute of Transportation Engineers, April 2014.
5. Clint Pumphrey, "How Roundabouts Work," How Stuff Works, accessed December 10, 2021, https://science.howstuffworks.com/engineering/civil/roundaouts.htm.
6. "51% of Churchgoers Don't Know the Great Commission," Barna Group, March 27, 2018, https://barna.com/research/half-churchgoers-not-heard-great-commission/.

7. Denny Spitters and Matthew Ellison, *When Everything Is Missions* (Orlando: Bottomline Media, 2017), 106-7, Kindle.
8. This quote is widely attributed to St. Francis of Assisi, https://www.christiantoday.com/article/if.necessary.use.words.what.did.francis.of.assisi.really.say/112365.htm.
9. Robertson McQuilkin, "An Evangelical Assessment of Mission Theology of the Kingdom of God," in *The Good News of the Kingdom: Mission Theology for the Third Millennium*, eds. Charles Van Engen, Dean S. Gilliland, and Paul Pierson (Eugene, OR: Wipf & Stock Publishers, 1999), 177.
10. John Piper, in an address at the Lausanne Movement's Cape Town 2010 Congress on October 20, 2010, quoted in "The Church and Other Faiths," accessed January 11, 2022, https://lausanne.org/gatherings/related/the-church-and-other-faiths.
11. Christopher R. Little, "The Case for Prioritism," in *Transformed from Glory to Glory: Celebrating the Legacy of J. Robertson McQuilkin*, ed. Christopher R. Little (Fort Washington, PA: CLC Publications, 2015), 173.

4장 이제는 단기 선교가 더 적실하다는 오해

인용문: David Joannes, "Posts Tagged: Journal," davidjoannes.com, accessed March 24, 2022, https://davidjoannes.com/tag/journal/.
1. "Cost of a European Trip — 1910," Gjenvich-Gjonvik Archives, accessed December 10, 2021, https://www.gjenvick.com/OceanTravel/TravelGuide/04-CostOfEuropeanTrip.html.
2. CPI Inflation Calculator, accessed December 15, 2021, https://www.officialdata.org/us/inflation/1910?amount=50.
3. Jean-Paul Rodrigue, "Liner Transatlantic Crossing Times, 1833-1952," *The Geography of Transport Systems*, accessed March 24, 2022, https://transportgeography.org/contents/chapter1/emergence-of-mechanized-transportation-systems/liner-transatlantic-crossing-time/.
4. "Despite Benefits, Few Americans Have Experienced Short-Term Mission Trips," Barna Group, October 6, 2008, https://www.barna.com/research/despite-

benefits-few-americans-have-experienced-short-term-mission-trips/.
5. Robert Wuthnow, *Boundless Faith: The Global Outreach of American Churches* (Berkeley: University of California Press, 2009), 180.
6. Ron Barber, Jr., "Host-Directed Short-Term Missions: Interviews with Japanese Liaisons," *Missiology: An International Review*, vol. 43, no. 3 (July 2015), 320, https://doi.org/10.1177%2F0091829615581930.
7. Benjamin J. Lough, "A Decade of International Volunteering from the United States, 2004 to 2014," Center for Social Development Research Brief No. 15-18 (St. Louis: Washington University, Center for Social Development, 2015), 3, https://doi.org/10.7936/K7B56J73.
8. Ramon Lull (pseudonym), "There's Nothing Short About Short-Term Missions," Desiring God, February 24, 2014, https://www.desiringgod.org/articles/theres-nothing-short-about-short-term-missions.
9. Arlene Richardson, *Threads: One Family's Unlikely Adventure in Business, Mission and Church Planting* (Orlando: Bottomline Media, 2012).
10. "Despite Benefits, Few Americans Have Experienced Short-Term Mission Trips," Barna.
11. A. T. Pierson, quoted in Joseph F. Conley, *Reflections: Musings of an Old Missionary* (Maitland, FL: Xulon Press, Inc., 2009), 95.
12. Darren Calson, "Why You Should Consider Cancelling Your Short-Term Mission Trips," Barna.
13. Ramon Lull (pseudonym), "There's Nothing Short About Short-Term Missions."

5장 선교사는 독특하고 희귀하고 거룩한 사람이라는 오해

인용문: William Barclay, *The New Daily Study Bible: The Gospel of Luke* (Louisville, KY: Westminster John Knox Press, 2001), 92.
1. Ruth A. Tucker, *From Jerusalem to Irian Jaya: A Biographical History of Christian Missions* (Grand Rapids, MI: Zondervan, 2004), 311. (『선교사 열전: 예루살렘에서 이리안자야까지, 비범하면서도 평범했던 선교사들의 이야기』, 복있는사람).

6장 선교는 그 문화권에 해를 끼친다는 오해

인용문: G. P. Howard, "The Logic of Christian Missions," *The Brethren Evangelist*, vol. 66, no. 12 (Ashland, OH: Brethren Pub. House, 1944), 8.

1. Janet D. Stemwedel, "The Philosophy of Star Trek: Is the Prime Directive Ethical?" *Forbes*, August 20, 2015, https://www.forbes.com/sites/janetstemwedel/2015/08/20/the-philosophy-of-star-trek-is-the-prime-directive-ethical/?sh=37f4e83e2177.
2. *Star Trek: The Animated Series*, season 1, episode 8, "The Magicks of Megas-tu," directed by Hal Sutherland, aired October 27, 1973 on NBC.
3. *Star Trek: The Next Generation*, season 7, episode 13, "Homeward," directed by Alexander Singer, produced by Paramount, aired January 15, 1994.
4. *Star Trek*, season 1, episode 22, Symbiosis, directed by Win Phelps, produced by Paramount, aired April 16, 1988.
5. "'Go Ye and Preach the Gospel': Five Do and Die," *Life*, January 30, 1956, 10–19.
6. Megan Specia, "American's Death Revives Evangelical Debate Over Extreme Missionary Work," *New York Times*, December 2, 2018, https://www.nytimes.com/2018/12/02/world/asia/john-chau-missionary-evangelical.html.
7. Tony Luckhurst, "John Allen Chau : Do Missionaries Help or Harm?" BBC News, November 28, 2018, https://www.bbc.com/news/world-46336355.
8. Caitlin Lowery, Facebook, November 24, 2018, https://www.facebook.com/CaitlinSLow/posts/10100184759767623.
9. Howard Zinn, *A People's History of the United States* (New York: Harper-Collins, 2015), chap.1, Kindle.
10. *Star Trek: The Next Generation*, season 1, episode 8, "Justice," directed by James L. Conway, produced by Paramount, aired November 7, 1987.
11. *Star Trek: Short Treks*, season 1, episode 6, "Q&A," directed by Mark Pellington, aired October 5, 2019 on CBS All Access.
12. Richard N. Ostling, "The New Missionary," *Time*, December 27, 1982, 10, https://content.time.com/time/subscriber/article/0,33009,923232,00.html.
13. Orji Sunday, "'They Ensure Each Twin Baby Dies': The Secret Killings in Central Nigeria," *Guardian*, January 19, 2018, https://www.theguardian.com/working-

in-development/2018/jan/19/twin-baby-dies-secret-killings-nigeria-remote-communities.
14. 하나님께서 사위족을 이 관습에서 어떻게 자유케 하셨는지는 다음 책에 서술되어 있다. "The Living Dead" and "The Power of Aumamay" of Don Richardson, *Peace Child: An Unforgettable Story of Primitive Jungle Treachery in the 20th Century* (Grand Rapids, MI: Bethany House, 2005). (『화해의 아이』, 생명의말씀사).
15. Don Richardson, "Do Missionaries Destroy Cultures?" in *Perspectives on the World Christian Movement: A Reader*, 4th ed., eds. Ralph D. Winter and Steven C. Hawthorne (Pasadena, CA: William Carey Library, 2009), 1109, Kindle.
16. "Globalization and Culture," United Nations Educational, Scientific and Cultural Organization, accessed August 2, 2021, http://www.unesco.org/new/en/culture/themes/culture-and-development/the-future-we-want-the-role-of-culture/globalization-and-culture/.
17. Thomas C. Oden, *How Africa Shaped the Christian Mind: Rediscovering the African Seedbed of Western Christianity* (Downers Grove, IL: IVP Academic, 2007).
18. C. Gordon Olson, *What in the World Is God Doing?: Essentials of Global Missions: An Introductory Guide*, 6th ed. (Forest, VA: Branches Publications, 2012), chap. 10, sec. 3, Kindle.
19. Andrea Palpant Dilley, "The Surprising Discovery About Those Colonialist, Proselytizing Missionaries," *Christianity Today*, January 8, 2014, https://www.christianitytoday.com/ct/2014/january-february/world-missionaries-made.html.
20. 앞의 책.
21. 앞의 책.
22. Norvin Richards, quoted in Jeffrey Mifflin, "Saving a Language," *MIT News*, April 22, 2008, https://www.technologyreview.com/2008/04/22/220796/saving-a-language/.
23. "Almost Half World's Languages Risk Disappearing, Deputy Secretary-General Warns, Urging Action to Preserve Indigenous Cultures, in Message for Global Observance," United Nations Press Release, August 9, 2019, https://www.un.org/press/en/2019/dsgsm1314.doc.htm.

24. Judith Thurman, "A Loss for Words," *The New Yorker*, March 23, 2005, https://www.newyorker.com/magazine/2015/03/30/a-loss-for-words.
25. Jeffrey Mifflin, "Saving a Language," *MIT News*, April 22, 2008, https://www.technologyreview.com/2008/04/22/220796/saving-a-language/.

7장 선교는 쇠퇴의 길에 들어섰다는 오해

인용문: David Bryant, *In the Gap* (Ventura, CA: Regal Books, 1984), 186.
1. Aaron Teasdal, "The Untold Story of the Boldest Polar Expedition of Modern Times," *National Geographic*, December 24, 2020, https://www.nationalgeographic.com/adventure/article/borge-ousland-mike-horn-epic-journey-across-north-pole.
2. Joshua Project, accessed April 28, 2022, https://joshuaproject.net.
3. "Frontier Unreached Peoples," Joshua Project, accessed August 2, 2021, https://joshuaproject.net/frontier.
4. International Mission Board, "Research Reports," IMB, accessed December 14, 2021, https://www.imb.org/research/reports/.
5. "2021 Scripture Access Statistics," Wycliffe Global Alliance, accessed December 15, 2021, https://www.wycliffe.net/resources/statistics/.
6. Frank Gardner, "Iraq's Christians 'close to extinction,'" BBC News, May 23, 2019, https://www.bbc.com/news/world-middle-east-48333923.
7. Gina A. Zurlo and Todd M. Johnson, "Is Christianity Shrinking or Shifting?" *Lausanne Global Analysis 10*, no. 2 (March 2021), https://www.lausanne.org/content/lga/2021-03/is-christianity-shrinking-or-shifting.
8. 앞의 책.
9. C. Gordon Olson, *What in the World Is God Doing?: Essentials of Global Missions: An Introductory Guide*, 6th ed. (Forest, VA: Branches Publications, 2012), chap. 4, Kindle.
10. Timothy Tennent, "The Translatability of the Christian Gospel," September 16, 2009, https://timothytennent.com/2009/09/16/the-translatability-of-the-christian-gospel/.

11. Jason Mandryk, *Operation World*, 7th ed. (Colorado Springs: Biblica Publishing, 2010), 3.
12. "Population Growth (Annual %)," The World Bank, accessed August 3, 2021, https://data.worldbank.org/indicator/SP.POP.GROW.
13. Todd M. Johnson, "Evangelicals Worldwide," excerpt from the *World Christian Encyclopedia*, 3rd ed. (United Kingdom: Edinburgh University Press, 2019), https://www.gordonconwell.edu/blog/evangelicals-worldwide/.
14. International Mission Board, "Research Reports."
15. Mandryk, *Operation World*, 33.
16. 앞의 책, 48.
17. 앞의 책, 59.
18. 앞의 책, 75.
19. Joseph F. Conley, *Drumbeats That Changed the World: A History of the Regions Beyond Missionary Union and the West Indies Mission 1873-1999* (Pasadena, CA: William Carey Library, 2000), 297.
20. Mandryk, *Operation World*, 619.
21. 앞의 책, 680.
22. 앞의 책, 165.
23. Doug Bandow, "North Korea's War on Christianity: The Globe's Number One Religious Persecutor," *Forbes*, October 31, 2016, https://www.forbes.com/sites/dougbandow/2016/10/31/north-koreas-war-on-christianity-the-globes-number-one-religious-persecutor/?sh=1adba7e456e3.
24. Mark Howard, "The Story of Iran's Church in Two Sentences," The Gospel Coalition, July 30, 2016, https://www.thegospelcoalition.org/article/the-story-of-the-irans-church-in-two-sentences/.
25. Joe Carter, "9 Things You Should Know About Christianity and Communist China," The Gospel Coalition, October 2, 2019, https://www.thegospelcoalition.org/article/9-things-you-should-know-about-christianity-and-communist-china/.
26. Zurlo and Johnson, "Is Christianity Shrinking or Shifting?"
27. "Pray for: People's Republic of China," *Operation World*, accessed April 11, 2022,

https://operationworld.org/locations/china-peoples-republic/.

28. Philip Yancey, "God on the Move," September 19, 2016, https://philipyancey.com/god-on-the-move.
29. Finishing the Task, "Global 2020 Update," 19, https://finishingthetask.com/wp-content/uploads/FTT-Global-2020-Update.pdf.
30. "Unreached: 100 Largest," Joshua Project, accessed December 14, 2021, https://joshuaproject.net/unreached/1?s=Population&o=desc.
31. Mandryk, *Operation World*, 2-3.
32. 앞의 책, 973.
33. 앞의 책, 958.
34. 앞의 책, 3.
35. Avery T. Willis, *Indonesian Revival: Why Two Million Came to Christ* (Pasadena, CA: William Carey Library, 1977).
36. Mandryk, *Operation World*, 456.
37. Henry T. Blackaby and Claude V. King, *Experiencing God: How to Live the Full Adventure of Knowing and Doing the Will of God* (Nashville: B&H Publishing Group, 1994), 70. (『하나님을 경험하는 삶』, 요단출판사).
38. Conley, *Drumbeats that Changed the World*, 76.
39. Olson, *What in the World Is God Doing?*, chap. 17, sec. 2, Kindle.
40. Zurlo and Johnson, "Is Christianity Shrinking or Shifting?"
41. Dr. Ralph Winter as quoted in Doris Haley, "A Wartime Lifestyle" *Mission Frontiers*, May 1, 1983, https://www.missionfrontiers.org/issue/article/a-wartime-lifestyle.

8장 선교사 파송은 더 이상 필요하지 않다는 오해

인용문: Robert Sinker, *Memorials of the Honorable Ion Keith-Falconer, M.A.* (London: George Bell & Sons, 1890), 191.

1. Simon Sinek, *The Infinite Game* (New York: Portfolio/Penguin Random House, 2019), 6-11, Kindle.
2. Gina A. Zurlo and Todd M. Johnson, "Is Christianity Shrinking or Shifting?,"

Lausanne Global Analysis 10, no. 2 (March 2021), https://www.lausanne.org/content/lga/2021-03/is-christianity-shrinking-or-shifting.
3. Todd M. Johnson, "Evangelicals Worldwide," Gordon Conwell Theological Seminary, March 25, 2020, excerpt from the *World Christian Encyclopedia*, 3rd ed. by Todd M. Johnson and Gina A. Zurlo (United Kingdom: Edinburgh University Press, 2019), https://www.gordonconwell.edu/blog/evangelicals-worldwide/.
4. 앞의 책.
5. Gina A. Zurlo, "The World as 100 Christians," Gordon Conwell Theological Seminary, January 29, 2020, https://www.gordonconwell.edu/blog/100christians/.
6. Mark A. Noll, *The New Shape of World Christianity: How American Experience Reflects Global Faith* (Downer Grove, IL: IVP Academic, 2009), chap. 2, sec. 1, Kindle.
7. C. Gordon Olson, *What in the World Is God Doing?: Essentials of Global Missions: An Introductory Guide*, 6th ed. (Forest, VA: Branches Publications, 2012), chap. 11, sec. 4, Kindle.
8. Jason Mandryk, *Operation World*, 7th ed. (Colorado Springs: Biblica Publishing, 2010), 949.
9. Olson, *What in the World Is God Doing?*, chap. 20, Kindle.
10. Mandryk, *Operation World*, 81.
11. 앞의 책, 345.
12. Nilay Saiya, "Proof That Political Privilege Is Harmful for Christianity," *Christianity Today*, May 6, 2021, https://www.christianitytoday.com/ct/2021/may-web-only/christian-persecution-political-privilege-growth-decline.html.
13. Mandryk, *Operation World*, 864.
14. "World Migration Report 2020" (Geneva: International Organization for Migration, 2019), 19, https://un.org/sites/un2.un.org/files/wmr_2020.pdf.
15. Gus Lubin, "Queens Has More Language Than Anywhere in the World—Here's Where They're Found," *Insider*, February 15, 2017, https://www.buisinessinsider.com/queens-languages-map-2017-2.
16. "Toronto's Languages," Endangered Language Alliance Toronto, accessed December

15, 2021, https://elalliance.com/toronto-languages/.

17. Quoted in "Autumn 1942 (Age 68)," International Churchill Society, March 12, 2015, https://winstonchurchill.org/the-life-of-churchill/war-leader/1940-1942/autumn-1942-age-68/.

18. "In U.S., Decline of Christianity Continues at Rapid Pace: An Update on America's Changing Religious Landscape," Pew Research Center, October 17, 2019, https://www.pewforum.org/2019/10/17/in-u-s-decline-of-christianity-continues-at-rapid-pace/.

19. Ralph D. Winter, quoted in "A Wartime Lifestyle" by Doris Haley, *Mission Frontiers*, May 1, 1983, https://www.missionfrontiers.org/issue/article/a-wartime-lifestyle.

20. "Status of Global Christianity, 2022, in the Context of 1900-2050," derived from Gina Zurlo, Todd M. Johnson, and Peter F. Crossing, "World Christianity and Religions 2022: A Complicated Relationship," *International Bulletin of Mission Research* 46, no. 1 (January 2022), 71-80, https://www.gordonconwell.edu/center-for-global-christianity/wp-content/uploads/sites/13/2022/01/status-of-Global-Christianity-2022.pdf.

21. 앞의 자료.

9장 관중이 아닌 참여자로

인용문: Craig Brian Larson and Brian Lowery, *1001 Quotations That Connect: Timeless Wisdom for Preaching, Teaching, and Writing* (Grand Rapids, MI: Zondervan, 2009), 101.

1. Sandra Mathers, "Oviedo Man's Bargain of a Lifetime," *Orlando Sentinel*, September 1, 2001, https://www.orlandosentinel.com/news/os-xpm-2001-09-01-0109010303-story.html.

2. "Marathon Man Akhwari Demonstrates Superhuman Spirit," Olympics.com, October 18, 1968, https://olympics.com/en/news/marathon-man-akhwari-demonstrates-superhuman-spirit.

3. Peter Drucker as attributed by Jacob Engel, "Why Does Culture 'Eat Strategy

for Breakfast'?," *Forbes*, November 20, 2018, https://www.forbes.com/sites/forbescoachescouncil/2018/11/20/why-does-culture-eat-strategy-for-breakfast/.
4. "Many Americans Say Others Faiths Can Lead to Eternal Life," Pew Research Center, December 18, 2008, https://www.pewforum.org/2008/12/18/many-americans-say-other-faiths-can-lead-to-eternal-life/.
5. Eric Jackson, "Sun Tzu's 31 Best Pieces of Leadership Advice," *Forbes*, May 23, 2014, https://www.forbes.com/sites/ericjackson/2014/05/23/sun-tzu-33-best-pieces-of-leadership-advice/?sh=44ff362e5e5e.

끝맺는 글: 지상명령은 여전히 중요하다

인용문: C. S. Lewis, *Christian Reflections*, ed. Edward Hooper (Grand Rapids, MI: Eerdmans, 2014), 41. (『기독교적 숙고』, 홍성사).

1. Elizabeth Palermo, "Eiffel Tower: Information & Facts," LiveScience, September 28, 2017, https://www.livescience.com/29391-eiffel-tower.html.
2. History.com Editors, "Eiffel Tower," History, A&E Television Networks, updated June 7, 2019, https://www.history.com/topics/landmarks/eiffel-tower.
3. Bill Demain, "Smooth Operator: How Con Man 'Count' Victor Lustig Sold the Eiffel Tower—Twice," *Mental Floss*, August 21, 2020, https://www.mentalfloss.com/article/12809/smooth-operator-how-victor-lustig-sold-eiffel-tower.

사명선언문

너희가 흠이 없고 순전하여……세상에서 그들 가운데 빛들로
나타내며 생명의 말씀을 밝혀 _ 빌 2:15-16

1. 생명을 담겠습니다
만드는 책에 주님 주신 생명을 담겠습니다.
그 책으로 복음을 선포하겠습니다.

2. 말씀을 밝히겠습니다
생명의 근본은 말씀입니다.
말씀을 밝혀 성도와 교회의 성장을 돕겠습니다.

3. 빛이 되겠습니다
시대와 영혼의 어두움을 밝혀 주님 앞으로 이끄는
빛이 되는 책을 만들겠습니다.

4. 순전히 행하겠습니다
책을 만들고 전하는 일과 경영하는 일에 부끄러움이 없는
정직함으로 행하겠습니다.

5. 끝까지 전파하겠습니다
모든 사람에게, 땅 끝까지, 주님 오시는 그날까지
복음을 전하는 사명을 다하겠습니다.

서점 안내

광화문점 서울시 종로구 새문안로 69 구세군회관 1층
02)737-2288 / 02)737-4623(F)

강남점 서울시 서초구 신반포로 177 반포쇼핑타운 3동 2층
02)595-1211 / 02)595-3549(F)

구로점 서울시 동작구 시흥대로 602, 3층 302호
02)858-8744 / 02)838-0653(F)

노원점 서울시 노원구 동일로 1366 삼봉빌딩 지하 1층
02)938-7979 / 02)3391-6169(F)

일산점 경기도 고양시 일산서구 중앙로 1391 레이크타운 지하 1층
031)916-8787 / 031)916-8788(F)

의정부점 경기도 의정부시 청사로47번길 12 성산타워 3층
031)845-0600 / 031)852-6930(F)

인터넷서점 www.lifebook.co.kr